Seka Nikolic

Du weißt mehr als du denkst

Intuitiv das Richtige tun

Aus dem Englischen übersetzt
von Marita Böhm

Ullstein

Besuchen Sie uns im Internet:
www.ullstein-taschenbuch.de

Allegria im Ullstein Taschenbuch

Ullstein Taschenbuch ist ein Verlag der Ullstein Buchverlage GmbH, Berlin.
Deutsche Erstausgabe im Ullstein Taschenbuch
1. Auflage Januar 2014
2. Auflage 2014
© 2014 by Ullstein Buchverlage GmbH, Berlin
© der Originalausgabe 2010 by Seka Nikolic and Sara Tay
Originally published in 2010 by Hay House UK Ltd
Original title: YOU KNOW MORE THAN YOU THINK
Lektorat: Daniela Graf
Umschlaggestaltung: FranklDesign, München
Umschlagillustrationen: Oud. Zuid Ontwerp, Dieren
Satz: Keller & Keller GbR
Gesetzt aus der Caslon
Papier: Pamo Super von Arctic Paper Mochenwangen GmbH
Druck und Bindearbeiten: CPI books GmbH, Leck
Printed in Germany
ISBN 978-3-548-74607-4

Zum Andenken an meine Mutter

*Ich danke euch allen, die mir
ihre großartigen Geschichten anvertrauten:
Sie haben geholfen, dieses Buch zu verwirklichen.*

Inhalt

Vorwort von Paul McKenna 9
Einführung 11

Teil eins: Die energetische Welt 15

1. Energie ganz konkret: meine Lebensgeschichte 17
2. Die Energiepyramide 25
3. Die Macht des neutralen Geistes 33
4. Eine Energie, ein Geist 59
5. Energetische Erweiterungen 69
6. Fernheilung 84
7. Wir wollen glauben 100

Teil zwei: Energie in der Praxis 113

8. Die Leichtigkeit glücklicher Erinnerungen 115
9. Sie und Ihre Beziehungen 124
10. Gesundheit und Heilung 143
11. Sie können Ihre Zukunft transformieren 165

Information 204

Vorwort

Im Laufe meines Lebens hatte ich die Gelegenheit, viele Heiler kennenzulernen, und meiner Meinung nach ist Seka Nikolic außergewöhnlich. Das ist vielleicht der Grund, warum sie so viele Menschen mit den unterschiedlichsten Problemen um Hilfe aufsuchen.

Interessant ist vor allem, dass Heilung auch aus der Ferne erfolgen kann. Das erfuhr ich vor einigen Jahren am eigenen Leib, als ich mir beim Skifahren eine Knieverletzung zugezogen hatte. Ich langweilte mich, im Chalet herumzusitzen, und so rief ich ein paar Freunde an, unter anderem auch Seka. Damals glaubte ich, dass Heilung nur im Beisein des Heilers funktionieren könnte. Aber Seka bat mich, den Hörer aufzulegen und darauf zu achten, was passieren würde. Was folgte, war wirklich ungewöhnlich: Auf einmal spürte ich, wie der Schmerz aus meinem Bein verschwand.

Ich begann, mich mit Forschungen zur Fernheilung zu beschäftigen, und stieß auf Beweise, die deren Wirksamkeit bestätigten. Randolph C. Byrd, MD, führte eine Untersuchung über die Wirkungen von Fernheilung mittels Gebete durch und gelangte zu faszinierenden Ergebnissen. Besonders interessant daran ist die Tatsache, dass sich der Gesundheitszustand von Probanden in der Kontrollgruppe, die überhaupt nicht wussten, dass sie Fernheilung erhielten, ebenso merklich besserte.

Es existieren zahlreiche wissenschaftliche Studien, die zeigen, dass Energieheilung funktioniert – ob es nun darum geht, den Blutdruck zu senken oder die Wundheilung zu beschleunigen, Kopfschmerzen zu lindern oder Tumore zum Schrumpfen zu bringen – von all dem wird in verschiedenen wissenschaftlichen Abhandlungen berichtet. Es scheint, dass wir alle in gewissem Maße die Fähigkeit besitzen, andere und uns selbst zu heilen.

Die Vorstellung, dass konzentrierte Energie therapeutische Wirkungen hat, ist nicht neu, auch wenn sie noch immer um Akzeptanz ringen muss. Aber andererseits ist es lediglich ein paar Jahre her, dass Hypnose, Akupunktur und andere »alternative« Behandlungsmethoden überall als Hokuspokus abgetan wurden. Inzwischen sind sie nahezu etabliert.

Mir ist keine bestimmte Behandlungsmethode oder Medizin bekannt, die bei jeder Person und gegen jede Krankheit immer wieder wirkt. Von dem Psychologen Dr. Roger Callahan stammt der bekannte Spruch: »Jeder, der von sich behauptet, eine hundertprozentige Erfolgsrate zu haben, hat nicht genug Klienten.«

Aber es gibt Heiler, die herausstechen. Seit über 20 Jahren kenne ich Seka und arbeite mit ihr zusammen. Ich habe miterlebt, wie sie Menschen mit allen möglichen Problemen geholfen hat – viele von ihnen Skeptiker – und durchgehend außergewöhnliche Resultate erzielte. In diesem Buch erklärt sie, wie Sie anfangen können, Ihre eigenen natürlichen Heilfähigkeiten zu entdecken und zu nutzen. Es gibt Ihnen einen wertvollen Einblick in ihre Arbeit und eine gute Vorstellung davon, wie ihre Methode Ihnen behilflich sein kann. Ich hoffe, dass diese Lektüre Sie für neue Möglichkeiten, Ihre Lebensqualität zu verbessern, öffnen wird.

Genießen Sie die Reise!

Paul McKenna

Einführung

Ich war am Flughafen und wartete darauf, ein Flugzeug besteigen zu können, als ich den überwältigenden Drang verspürte, der neben mir sitzenden Frau meine Ohrringe zu schenken. Das Gefühl war so stark gewesen, dass ich es nicht einmal infrage stellte. Mir gefielen zwar meine Ohrringe, aber ich hing nicht besonders an ihnen. Und so nahm ich sie ab und reichte sie der Fremden, die tief in Gedanken versunken zu sein schien.

Ich erklärte ihr, dass ich nicht genau wüsste, warum ich ihr sie schenkte, ich hätte einfach gespürt, dass es das Richtige wäre. Ich hatte irgendwie das Gefühl, als würden sie zu ihr gehören.

Als ich ihr das sagte, wallten Gefühle in der dankbaren Dame auf, und sie fing an zu weinen. Sie erzählte mir, dass ihre Mutter ihr ein Paar Ohrringe geschenkt hatte, die genauso aussahen wie meine, aber sie hatte sie verloren. Als sie sich neben mich gesetzt hatte, waren ihr meine Ohrringe sofort aufgefallen und sie habe an ihre Mutter denken müssen.

Wir waren beide überwältigt.

Die meisten Menschen würden sagen, dass dieses seltsame Zusammenspiel auf einen Zufall – eine Chance von eins zu einer Million – zurückzuführen sei. Aber die Geschichte dieser Frau ist ein Beispiel dafür, was geschieht, wenn wir auf die Botschaften hören, die wir über unsere Energiefrequenzen empfangen, und entsprechend handeln. Keine der beiden Frauen handelte bewusst; die Botschaft wurde auf energetischer Ebene zwischen ihnen ausgetauscht.

Auch wenn sich diese Geschichte wie ein Märchen anhört, passiert uns allen so etwas doch jeden Tag. Haben Sie schon einmal jemanden angerufen und einfach gewusst, dass Ihr Gesprächspartner verärgert oder bestürzt ist, noch bevor dieser den Mund aufgemacht hat? Oder haben Sie schon einmal einen

Raum betreten und im Bruchteil einer Sekunde gespürt, dass irgendetwas nicht stimmte? Vielleicht können Sie fühlen, wenn jemand gerade über Sie nachdenkt. Haben Sie schon einmal jemanden angerufen, gerade als dieser im Begriff war, Ihre Telefonnummer zu wählen? Oder haben Sie schon einmal eine E-Mail von einem Freund bekommen, von dem Sie in der Nacht zuvor geträumt hatten? Können Sie spüren, wenn jemand Sie von der gegenüberliegenden Seite eines Zimmers anschaut? Und können Sie manchmal sagen, was ein anderer gerade denkt? Wenn Sie solche – schwer zu erklärenden – Situationen erleben, sieht es so aus, als ob nicht nur bloße Koinzidenz im Spiel ist. Und das stimmt auch: In solchen Situationen erleben Sie eine energetische Verbindung mit einer anderen Person.

Energie ist immer um Sie herum. Sie können sie zwar nicht sehen, aber genau jetzt, in dieser Sekunde, sind Sie von unsichtbaren Kommunikationskanälen umgeben. Und so, wie Sie eine eigene Telefonnummer, eine eigene Ausweisnummer und einen eigenen DNA-Fingerabdruck haben, haben Sie auch eine Energiefrequenz, die Sie von anderen Menschen unterscheidet. Und diese Energiefrequenz erzeugt ein weltweites energetisches Netz zwischen Ihnen und allen anderen und sogar zwischen Ihnen und Gegenständen. Sie erhalten also Botschaften von anderen Menschen durch ihre Wörter und Handlungen, und gleichzeitig, und das ist noch wichtiger, *senden* und *empfangen* Sie auch Informationen durch Ihre Energie.

Während mein erstes Buch von meinem Wissen über Heilung und meinen diesbezüglichen Erfahrungen handelt, wollte ich nun ein Buch über Energie schreiben, weil sie eine solche wichtige Rolle in unserem Leben spielt. Das wissen wir eigentlich alle, auch wenn wir uns dessen nicht immer bewusst sind. Redewendungen wie »Wir liegen auf einer Wellenlänge«, »Ihr stimmt derart miteinander überein«, »Es knisterte vor Spannung«, »Er jagt mir Schauder über den Rücken«, »Sie hatten ein gutes Gefühl dabei« oder »Ich spüre, dass wir im Gleichklang sind« beschreiben unsere angeborene Fähigkeit, energetisch zu kommunizieren. Oft nennen wir das »Intuition« oder »Bauchgefühl«.

Sie nutzen Ihre energetische Gabe die ganze Zeit über, auch wenn Sie sich dessen nicht bewusst sind. Was Sie im Augenblick vielleicht auch nicht wissen, ist, dass Sie die Wahl haben, ob Sie sich auf eine bestimmte Energie einlassen wollen oder nicht. Sie können sich dafür entscheiden, die Energien, die gut und richtig für Sie sind, zu *empfangen*, und sich vor den Frequenzen, die schlecht für Sie sind, zu schützen. Und außerdem können Sie die Entscheidung darüber treffen, was Sie anderen *senden* wollen, um die Dinge anzuziehen, die Ihnen zu einem glücklichen und bedeutungsvollen Leben verhelfen.

Da wir alle mit dieser Fähigkeit auf die Welt kommen, werde ich Sie in diesem Buch lediglich an das erinnern, was Sie bereits wissen. Ich zeige Ihnen, wie Sie energetischer Frequenzen gewahr werden, sodass Sie in die Lage versetzt werden, sich aufs Neue mit den Fähigkeiten zu verbinden, mit denen Sie geboren wurden, und Ihre Gesundheit, Ihre Beziehungen, Karriere und Zufriedenheit zu verbessern. Die Feinabstimmung Ihrer energetischen Fähigkeit ermöglicht es Ihnen, Magie in Ihr Leben zu bringen …

Teil 1
Die energetische Welt

1
Energie ganz konkret: meine Lebensgeschichte

Bevor Sie mehr darüber erfahren, wie Sie Energie in Ihrem Leben nutzen können, dachte ich mir, dass es hilfreich für Sie sein könnte, erst über einige meiner Erlebnisse zu lesen und darüber, wie sie mich dorthin brachten, wo ich jetzt bin.

Zunächst einmal verlief mein Leben in den üblichen Bahnen, so ähnlich wie bei den meisten Leuten auch: Ich wuchs auf, ging zur Schule, begann zu arbeiten und gründete meine Familie. Meine Mutter kam unter tragischen Umständen bei einem Autounfall ums Leben, als ich 19 Jahre alt war, aber davon abgesehen schien alles »normal« zu sein. Zu jener Zeit war mir nicht klar, dass mein Leben im Begriff war, sich zu ändern – und nie mehr so sein würde wie früher …

Es war ein kalter Wintertag, und ich stapfte durch tiefen Schnee zur Arbeit. Ich kam in meinem Büro an und begab mich wie an jedem anderen Tag an meinen Schreibtisch, kontrollierte meine Nachrichten und begann, die Liste der Telefonanrufe und Papierhaufen durchzugehen. Vormittags kam ein Kollege mit einem Dokument zu mir, das ich unterschreiben sollte. Als ich ihm das Schriftstück zurückgab, fühlte ich mich gezwungen, meine Hände auf seine Schultern zu legen. Ich schien von einer mir unerklärlichen Kraft beherrscht zu sein. Ich dachte überhaupt nicht bewusst darüber nach, was ich da tat: Vielmehr wurde ich von einem tiefen Instinkt geleitet.

Dieser Mann litt an einer akuten Wirbelsäulendeformität, die zu einer gravierenden Krümmung seines Rückens geführt hatte. Die Beweglichkeit seiner Beine war eingeschränkt, und er war an den Rollstuhl gefesselt. Ich kannte ihn nicht besonders gut, und meine Gedanken oder Gefühle ihm gegenüber waren nie irgendwie ungewöhnlich gewesen. Ich habe also keine Ahnung, warum ich gerade an jenem Tag meine Hände ausstreckte, um ihm zu helfen. Es kam mir überhaupt nicht in den Sinn, zu hinterfragen, was da passierte – es war, als könnte ich es nicht anzweifeln. Ich legte einfach die Hände auf seine Schultern.

Etwa zehn Minuten lang ließ ich meine Hände auf ihm ruhen. In dieser Zeit wurde ihm immer wärmer, und er schwitzte auch immer stärker. Er war offensichtlich verunsichert und fühlte sich unwohl. Aber hätte er nur geahnt, in welcher Höllenqual ich mich gerade befand!

Der Schmerz schoss durch meine Hände, die Arme hinauf und dann meine Wirbelsäule hinunter. Aber ich war derart mit der Energie verbunden, dass ich nicht aufhören konnte – von einer Kraft geführt, von der ich wusste, dass sie größer war als ich. Es war, als ob jemand anders meinen Körper übernommen hätte. Einzelheiten aus seinem Leben liefen vor meinem inneren Auge ab. Details, die ich nie hätte wissen können.

Nach einer Zeit, die mir wie eine Ewigkeit vorkam, nahm ich meine Hände von seinen Schultern. Der Schmerz verschwand auf der Stelle aus meinem Körper, als ob jemand einen Knopf gedrückt hätte.

Er stand auf und blickte auf seine Beine herab – und dann sah er mich schockiert an. Er wandte mir den Rücken zu, und sobald er sich in sicherer Entfernung befand, rannte er aus meinem Büro und schrie: »Ich kann laufen! Ich kann laufen!«

Ich hatte gerade mein erstes Heilungserlebnis hinter mir.

Innerhalb von Minuten stürzten Leute aus dem ganzen Gebäude in mein Büro. Ich hörte nur noch, wie sie ihre Probleme laut ausriefen und mich um Hilfe baten. Niemand fragte mich, ob mit mir alles in Ordnung sei. Sie fragten mich nicht einmal danach, was eigentlich passiert sei – sie alle wollten nur etwas von mir haben.

Es ist wirklich schwierig, in Worten auszudrücken, wie ich mich damals fühlte. Ich hatte keine Ahnung, was ich getan hatte oder warum ich es getan hatte. War ich etwas anderes oder jemand anders geworden?

Von diesem Augenblick an änderte sich mein Leben. Die Nachricht verbreitete sich, und die Massenmedien führten sich wie Tiere auf und stritten sich darüber, wer meine Geschichte bekommen würde. Selbst meine engsten Freunde dachten eher daran, wie sie den Journalisten helfen könnten, statt mich zu unterstützen. Ich fühlte mich meinem Körper entfremdet und wollte vor meiner Fähigkeit verzweifelt davonlaufen. Ich wollte mich vor diesem Rummel verstecken, mich einrollen und so tun, als wäre nichts geschehen. Aber das tat ich nicht. Inzwischen weiß ich, dass ich, wenn ich so reagiert hätte, nicht da wäre, wo ich heute bin. Meine Gabe war ein Teil von mir, gehörte zu mir. Ich konnte nicht gegen sie angehen und ich konnte nicht weglaufen. Ich konnte dem nicht entkommen. Mir blieb nichts anderes übrig, als sie zu akzeptieren.

Während sich meine Fähigkeit weiterentwickelte, verfeinerten sich meine Sinne unglaublich. Es war, als ob ich mit einer Schärfe und Deutlichkeit fühlen, hören, riechen und sehen konnte, wie ich es nie zuvor gekannt hatte. Ich ging auf der Straße an Leuten vorbei und hörte ihre Gedanken. Ich konnte es nicht einstellen. Dabei hatte ich schon genug zu bewältigen, auch ohne mir noch die Probleme aller anderen anhören zu müssen. Ich glaubte, langsam, aber sicher wahnsinnig zu werden.

Dieses Erwachen ließ mich erkennen, dass ich nicht nur imstande war, heilende Energie zu nutzen, um damit an einzelnen Personen zu arbeiten, sondern auch, die Informationen überall um mich herum aufzufangen. Diese Wahrnehmung wurde immer klarer und stärker, während ich mich allmählich an meine Gabe gewöhnte. Aber ich beschloss, sie nicht professionell zu nutzen. Schließlich lernte ich, mich davon abzuschotten. Denn ich hätte es nicht lange verkraften können, mit all diesen Informationen bombardiert zu werden. Es hätte mich sehr schnell erschöpft und ausgelaugt.

Ich besaß die Gabe, Menschen zu heilen – und diese Fähigkeit war es, die ich weiterentwickeln wollte.

Einsicht ist die Lösung

In den ersten paar Jahren nach diesem Wendepunkt wusste ich nicht genau, was da eigentlich ablief oder wie ich damit klarkommen sollte. Viele Male ging ich nachts schlafen in der Hoffnung, am nächsten Morgen festzustellen, dass das alles nur ein Traum wäre, stattdessen jedoch wachte ich jeden Morgen auf und musste erkennen, dass meine Gabe immer noch da war.

Also wusste ich, dass ich lernen musste, sie in den Griff zu bekommen.

Ich wollte wirklich verstehen, was mit mir geschah. Ich wollte nicht das Gefühl haben, dass diese Fähigkeit die Kontrolle über mich hatte – ich wollte die Kontrolle über sie haben. Aber ich konnte mich nicht einmal von dem Schmerz in meinem Körper während der Behandlung befreien. Es war zwar nicht mein Schmerz, aber wenn ich Leute behandelte, nahm ich ihn für die Dauer der Behandlung auf.

Die Leute pflegten zu sagen, dass ich Wunder vollbringe oder dass ich »auserwählt« sei, aber ich wusste, ich durfte mich davon nicht mitreißen lassen oder aus den Augen verlieren, wer ich war und wer ich immer gewesen war. Ich musste auf dem Boden der Wirklichkeit bleiben.

All dies geschah einige Jahre nach dem tragischen Unfalltod meiner Mutter, und in Gedanken bat ich sie ständig um Hilfe. Ich war mir sicher, dass sie verstehen könnte, was mit mir geschah, und dass sie wissen würde, wie ich damit umgehen sollte. Ich empfand sie als meinen einzigen Trost. Ich konnte ihre

Energie fühlen und ihre Führung wahrnehmen, aber letzten Endes war mir eines klar: Ich musste der Tatsache ins Auge sehen, dass ich in dieser Sache auf mich allein gestellt war.

In jener Zeit gab es keine Lehrbücher oder Ratgeber zum Thema Heilen, und ich musste mit der Trial-and-Error-Methode mehr über meine Fähigkeiten herausfinden.

Dass ich Menschen wieder gesund machen konnte, bewies die Wirksamkeit meiner Fähigkeiten, aber damit gab ich mich nicht zufrieden. Ich war schon immer ein logisch-analytischer Mensch gewesen, der den Dingen gern auf den Grund geht, und als es darum ging, meine Gabe in den Griff zu bekommen, war es nicht anders. Ich wollte beweisen, dass das, was ich tat, in wissenschaftlicher Hinsicht Hand und Fuß hatte. Daher verbrachte ich viel Zeit mit der Suche nach jemandem, der mir dazu etwas sagen konnte.

Schließlich fand ich einige Wissenschaftler in Mailand, die mit mir alle möglichen Tests durchführten, um herauszufinden, wie stark meine Energie war. Sie stellten bei mir die höchsten Energiewerte fest, die sie je gesehen hatten.

Diese wissenschaftlichen Tests waren die äußere Bestätigung meiner Gabe. Ich hatte von Anfang an gewusst, dass etwas Unglaubliches in mir vorging. Ich konnte spüren, dass es ein wahrhaft physisches Phänomen war, eines, das über meine Kontrolle hinauszugehen schien. Und die Resultate, die ich bei Menschen erzielte, waren so schnell und dramatisch, dass es offenkundig war, dass ich sie auf einer tiefen zellulären Ebene veränderte. Aber mit diesen Informationen aus Mailand hatte ich nun eine klarere Vorstellung von meinem Tun.

Entscheidungen, Entscheidungen ...

Nach meiner Rückkehr aus Mailand nach Sarajevo wurde der Rummel um mich noch größer. Die Medien hatten nun eine neue Meinung über meine Geschichte. Das Ganze überforderte mich völlig. Es war einfach zu viel. Ich wollte einfach nur mit meinem Leben zurechtkommen. Ich verstand jetzt viel besser, was ich tat. Daher wollte ich mich auch darauf konzentrieren, meine Gabe einzusetzen und diesem ganzen Wahnsinn um mich herum zu entkommen.

Kurz darauf musste ich eine der schwersten Entscheidungen meines Lebens treffen. Man hatte mir angeboten, eine bioenergetische Praxis auf den Kanarischen Inseln aufzubauen, wo ich meine Heilkräfte weiter erforschen konnte. Obwohl das ein großer Schritt war, dachte ich nicht lange darüber nach. Keine anderen Sprachen beherrschend außer meiner Muttersprache, brach ich nur mit meinem Sohn und einer Handvoll Habseligkeiten auf und ließ meine Heimat, meine zerrüttete Ehe, meine Familie und meine Freunde hinter mir. Ich wusste einfach, dass ich gehen musste. Es fühlte sich richtig an, und ich zweifelte es nicht an. Hätte ich das getan – ich wäre wohl niemals fortgegangen. Es mag sich seltsam anhören, selbst für mich, aber erst als ich mein erstes Buch schrieb und meine Lebensgeschichte wiedergab, wurde mir klar, wie verrückt einige meiner Entscheidungen anderen vorkommen könnten. Ich fragte mich sogar, wie um alles in der Welt ich weggehen konnte, ohne mir Sorgen um Geld, mein Kind, die Sprachbarrieren und meine Sicherheit zu machen – aber meine Entscheidung hatte sich immer richtig angefühlt.

Sie erwies sich auch als richtig. Sowohl mein Ansehen als auch das der Praxis wuchs stetig. Aus der ganzen Welt kamen Patienten – vom spanischen Festland, aus Italien, Deutschland, Großbritannien und sogar aus Amerika.

Nach einigen Jahren bekam ich die Möglichkeit, eine Praxis in Großbritannien zu eröffnen. Ich konnte mir gut vorstellen, eine Praxis in London zu haben, in der alles ordnungsgemäß und fachgerecht eingerichtet war. Ich sah mich sogar schon im Umgang mit den Medien – und wie schon zuvor wusste ich, es war das Richtige. Ich vertraute meinem Bauchgefühl – und machte mich einfach auf den Weg.

Ich war gerade einmal zwei Monate in London, als ich meine eigene Praxis in Hampstead hatte, genauso wie ich es mir vorgestellt hatte. Zu der Zeit war ME (Myalgische Encephalomyelitis oder Chronisches Erschöpfungssyndrom) ein großes Gesundheitsproblem. Und während sich die Ärztegemeinschaft schwertat, diese Krankheit zu verstehen, erzielte ich in diesem Bereich großartige Resultate. Ich hatte eine Frau behandelt, die sich von ihrem Leiden so gut erholt hatte, dass sich die Medien gleich auf diese Geschichte stürzten. Im Nu fand ich mich in Radio- und TV-Shows wieder – und das mit einem Englischvokabular von nur etwa 100 Wörtern, was an sich schon eine Meisterleistung war! Nach diesen Auftritten klingelte mein Telefon pausenlos, und bald war ich sehr damit beschäftigt, Leute zu behandeln, unter anderem viele Sportler und Promis. Es schien, dass es der richtige Schritt gewesen war, nach London zu ziehen.

Wie Sie sehen können, endet dieser Teil meiner Geschichte mit einem Höhepunkt, aber im Laufe der Jahre habe ich genauso viele Tiefen wie Höhen erlebt. Ich weiß, dass mich einige Leute für verrückt hielten, Sarajevo zu verlassen und später dann die Kanarischen Inseln. Aber ich finde, dass die Art und Weise, wie sich mein Leben entwickelt hat, beweist, dass es richtig war, meinem Instinkt zu folgen. Wenn ich jetzt zurückblicke, erkenne ich, dass alles aus einem bestimmten Grund geschehen ist. Tatsächlich geschieht nichts zufällig, sondern wir erschaffen alles in unserem Leben. Ich bin an den Krisen in meinem Leben nie zerbrochen, habe einfach weitergemacht und in Ordnung gebracht, was auch immer in Ordnung gebracht werden musste. Ich weiß nicht, ob ich so geboren wurde. Was ich allerdings definitiv weiß – ich kam an den Punkt, dieses Buch zu schreiben, weil ich diese Herausforderungen annahm, bewältigte und als Siegerin hervorging.

Wir alle haben unseren fairen Anteil an Höhen und Tiefen. Daher bin ich mir sicher, jeder von Ihnen ist sich bewusst, dass es Ihnen zu einer bestimmten Zeit vielleicht nicht aufgefallen ist, wie sich alles wie von selbst ergeben hat. Aber im Rückblick können Sie erkennen, dass bestimmte Schritte in Ihrem Leben einfach passieren sollten.

Es kann für uns alle sehr bereichernd sein, wenn wir mehr darüber erfahren, wie Energie uns die ganze Zeit über beeinflusst – nicht nur, wenn wir krank sind, sondern bei jedem Schritt und bei jedem Wendepunkt. Indem wir uns bewusst werden und kontrollieren, was wir AUSSENDEN und was wir EMPFANGEN, können wir Einfluss darauf nehmen, was wir denken, wie wir fühlen und was wir anziehen.

2
Die Energiepyramide

Obgleich dieses Buch als praktischer Ratgeber konzipiert ist, der Ihnen helfen soll, Ihre Verbindung zu Ihrer Energie zu verbessern und das anzuziehen, was Sie sich in Ihrem Leben wünschen, werde ich zunächst ausführlicher erklären, was ich mit dem Begriff »Energie« meine. Sie werden dann meinen weiteren Ausführungen besser folgen können.

Wenn es um Erklärungen geht, finde ich es oft am besten, das große Ganze zu betrachten und danach ins Detail zu gehen. Das ist bei Energie nicht anders. An dieser Stelle soll allerdings klargestellt werden, dass dies keine endgültige Abhandlung über Energie ist. Energie ist ein Thema von gewaltigem Ausmaß, mit dem Sie sich bis zu Ihrem Lebensende beschäftigen können. Dieses Buch behandelt das, was meiner Meinung nach für Sie wichtig zu wissen ist, damit Sie das bekommen, was Sie haben wollen.

Alles in der Welt – Menschen, Gegenstände, Orte, Tiere, Pflanzen, Wasser, Gedanken und Gefühle – hat seine eigene Frequenz und folglich sein eigenes Energiefeld. Manche bezeichnen diese elektromagnetische Frequenz als *Chi*, *Prana*, *Ki* oder »Lebenskraft«. Aber ich nenne sie einfach nur »Energie«.

Energie umfasst vier grundlegende Dimensionen, die ich mir gern als eine Pyramide vorstelle. Trotz der unterschiedlichen Ebenen dieser Pyramide bleibt die Energie dieselbe, sie manifestiert sich nur anders. Genauso wie Eis, Wasser und Dampf unterschiedliche Formen von ein und derselben Verbindung (H_2O) sind, stellen diese vier Ebenen unterschiedliche Möglichkeiten dar, wie Sie Energie erfahren können.

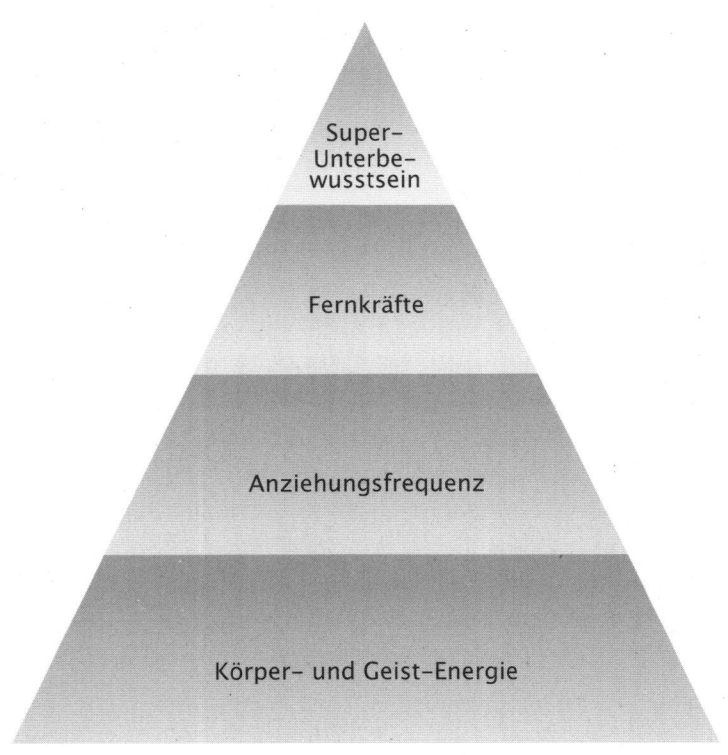

Super-Unterbewusstsein

Im Super-Unterbewusstsein werden alle Informationen seit Anbeginn der Zeit gespeichert. Ein anderer Name dafür ist universelle Energie.

Seit Jahrmilliarden existieren Erinnerungen, Fakten und Erfahrungen auf dieser Ebene, die ein wenig einer Zentralbibliothek gleicht. Alles, was Sie vielleicht jemals wissen müssen, ist bereits hier vorhanden. Sie müssen lediglich wissen, wie Sie sich mit dieser Ebene verbinden können.

Die super-unterbewusste Energie wird von planetarischen Einflüssen wie den Mondphasen und den Gezeiten beeinflusst. Die Art, wie Sie mit dieser Energie interagieren, hängt davon ab, wie gut Sie sich sie nutzbar machen können. Sie können sich in sie »einklinken« und Sie können sich auch wieder »ausklinken«. Wie das geht, werde ich Ihnen zeigen.

Eine besonders passende Analogie dazu wären in diesem Zusammenhang Satelliten. Aus den vielfältigsten Gründen sind wir auf Satelliten angewiesen – sei es, dass wir fernsehen, mit dem Handy telefonieren, Wettervorhersagen erhalten oder unseren Weg mithilfe eines Navigationssystems finden möchten. Die Satelliten sind immer da, aber wir verbinden uns nur mit ihnen, wenn wir ihre Kommunikationsfähigkeiten nutzen wollen. Dann klinken wir uns ein oder aus.

Auf ähnliche Weise können Sie Kontakt zu Ihrem Super-Unterbewusstsein herstellen, indem Sie sich in es einklinken – und sich anschließend wieder ausklinken. Geräte, die mit einem Satelliten kommunizieren, haben zu diesem Zweck eine Antenne. Auch Sie verfügen über eine Art Antenne, die die Energie, die Sie anziehen möchten, auffängt. Sie können also ebenso Botschaften SENDEN und EMPFANGEN wie technische Vorrichtungen, die mit Satelliten verbunden sind.

Fernkräfte

Auf dieser Ebene finden wir Massenenergie-Kräfte wie etwa Fernheilungsfähigkeiten. Ebenso wie das Super-Unterbewusstsein mit der Satellitenkommunikation verglichen werden kann, bietet sich hier eine Parallele zur Mobilfunkkommunikation an. Jeder von uns kommuniziert auf diese Weise, ob wir uns dessen bewusst sind oder nicht. Wir können uns auf diese Weise mit einer Person verbinden oder gar eine »Telefonkonferenz« mit mehreren Leuten abhalten. Daher erleben wir diese Form der

Energie oft, wenn wir uns in einer großen Menschenansammlung aufhalten, die auf ähnliche Weise beeinflusst wird. Eine solche »Massenmentalität« zeigt sich bei Demonstrationen oder Konzerten durch den energetischen Einfluss der Medien oder politischer Botschaften sowie in anderen kulturellen und sozialen Milieus.

Ich finde es hilfreich, sich diese Energie bildlich vorzustellen, indem man eine Parallele zwischen ihr und der Tierwelt zieht. Ob Fische zusammen im Schwarm unterwegs sind, Ameisen zur Bewältigung von Mammutaufgaben ihre Kräfte bündeln oder Gänse in einer V-Formation fliegen – jede Gruppe legt ihre Energie zusammen, um auf diese Art stärker zu sein als ihre einzelnen Mitglieder.

Auf unseren Fall bezogen heißt das: Wenn Menschen bewusstseinsmäßig auf derselben energetischen Frequenz zusammenkommen, handeln sie wie ein einziges Bewusstsein. Und dieses Bewusstsein ist mächtiger als das einzelne Bewusstsein einer jeden Person. Wenn diese Energie vorhanden ist, kann es so aussehen, als würden Menschen in großen Ansammlungen sich wie Schafe verhalten – unfähig, selbstständig zu denken. Sie sind dann leicht beeinflussbar von Energien, die mächtiger sind als ihre eigenen. Dies kann eine positive Kraft sein (man denke nur an die spannungsgeladene Atmosphäre bei einem Konzert oder einem Volksfest), aber auch eine negative, erschöpfende. Ein Beispiel dafür ist die Wirkung von Massenpanik. Angst ist die mächtigste energetische Frequenz, und ich werde Ihnen zeigen, wie Sie sich davor schützen können. Ein weiteres Beispiel ist die mit der Kreditkrise einhergehende Energie – die gerade jetzt besonders durchdringend ist.

Wichtig ist es zu wissen, dass Sie eine entscheidende Rolle bei der Erzeugung von Massenenergie spielen, indem Sie diese SENDEN und auch zulassen, sie zu EMPFANGEN und von ihr beeinflusst zu werden – ob nun bewusst oder unbewusst.

Anziehungsfrequenz

Sind Sie schon einmal einer Person begegnet, mit der Sie sich sofort verbunden fühlten, ohne sich das erklären zu können? Dieses Gefühl der Verbundenheit rührt nicht zwangsläufig von einer körperlichen oder sexuellen Anziehung her. Der Grund dafür ist einfach, dass Sie auf der gleichen Wellenlänge liegen. Etwas zwischen Ihnen passt zusammen. Alles und jeder im Universum hat seine eigene energetische Anziehungskraft, und genau das fühlen Sie, wenn Sie sich auf diese Weise mit jemandem verbinden – Ihre persönliche Energiefrequenz findet eine andere, die mit ihr übereinstimmt oder sie ergänzt.

Diese »Anziehungsfrequenz« entsteht nicht nur zwischen einzelnen Personen, sondern ebenso zwischen Gruppen von Leuten, mit denen Sie in Beziehung stehen, beispielsweise zwischen Ihrer Familie, Ihren Freunden oder Arbeitskollegen. Folglich existieren überall um Sie herum Netze von Energiefeldern. Sie sind ebenfalls zwischen Ihnen und Gegenständen, die eine energetische Erweiterung von Ihnen sind, vorhanden. Wir werden uns mit dieser Idee noch konkret beschäftigen, wenn es um das Thema geht, wie Sie Dinge wiederfinden können, die Sie verloren haben. Ich nenne das »Anziehungsfrequenz«, weil es eine intime Ebene der Kommunikation darstellt und im Zusammenhang damit steht, was Sie in Ihr Leben bringen.

Wir alle erleben so oft, dass wir Botschaften von anderen EMPFANGEN. Selbst wenn wir einfach nur über jemanden nachdenken, passiert es nicht selten, dass wir im selben Augenblick eine SMS, einen Telefonanruf oder eine E-Mail von dieser Person erhalten. Diese Art von Erfahrung ist jedem vertraut, und Ihnen fallen mit Sicherheit sofort Situationen ein, in denen Ihnen so etwas schon passiert ist. Das sind nicht einfach »Koinzidenzen«, das Zusammentreffen von Ereignissen. Es ist genauso wie beim energetischen Austausch, zu dem es auf den anderen Energieebenen in der Pyramide kommt: Wenn Sie über eine bestimmte Person nachdenken, SENDEN Sie dieser im Grunde eine Botschaft. Wenn diese Person auf ihre eigene Energie sowie auf Ihre Energie eingestimmt ist, wird sie diese Botschaft energetisch EMPFANGEN. Auch wenn sie nicht bewusst wahrnimmt, was da abläuft, könnte sie beschließen, Sie anzurufen, Ihnen eine Mail zu schreiben oder Sie sogar zu besuchen. Diese Idee kommt ihr einfach in den Sinn, und sie weiß nicht, warum.

Körper- und Geist-Energie

Wenn ich heile, arbeite ich mit dieser Energiefrequenz. Ich EMPFANGE Informationen über Menschen, sobald sie in meine Nähe kommen, manchmal sogar bevor ich meine Hände auf sie lege. Ich verbinde mich mit jedem einzelnen Körperteil einer Person, und wo eine Blockade ist, spüre ich ihren Schmerz. Der Grund dafür ist, dass ich ihre Frequenz wieder auf ihr gesundes Niveau einstelle, das im Körpergedächtnis gespeichert ist.

Welche Informationen ich auch EMPFANGE, ich analysiere und beurteile sie nicht. Ich »lausche« auch eher dem, was ich von der Energie der Leute auffange, als dem, was sie sagen. Es ist ein bisschen so, als würde ich ein Buch lesen – ich erhalte eine Vorstellung von dem Problem einer Person, indem ich die gestörte Frequenz aufgreife.

Vor ein paar Wochen suchte mich eine Dame auf und sagte zu mir: »Mit mir ist alles in Ordnung. Ich bin nur zu Ihnen gekommen, weil ich ein wenig Schwung brauche.«

Sobald ich anfing, sie zu behandeln, erkannte ich, dass mit ihrer linken Lunge etwas nicht stimmte. Ich brachte dies behutsam zur Sprache, woraufhin sie sagte: »Oh ja, ich weiß, dass ich dort ein Problem habe.«

Sie hatte einfach beschlossen, mir dies zu verschweigen.

Ich sage den Klienten nicht immer etwas über ihren Gesundheitszustand, da es nicht unbedingt angebracht oder notwendig ist. Es gibt jedoch Situationen, in denen es wichtig ist, einzuräumen, was sie durchmachen oder welche gesundheitlichen Probleme sie haben.

Während meiner Arbeit kann ich nicht anders, als Informationen zu EMPFANGEN. Aber Sie werden es wahrscheinlich viel einfacher finden, diese Art von energetischer Kommunikation mit jemandem zu haben, den Sie gut kennen oder sich ausgesucht haben. Denn in diesem Fall teilen Sie bereits eine Frequenz mit ihm. Das bedeutet allerdings nicht, dass Sie immer die Gedanken anderer lesen können oder sogar genau wissen, was ein anderer die ganze Zeit über denkt. Aber Sie werden unbewusst Botschaften viel leichter SENDEN und EMPFANGEN können, wenn Sie sich der energetischen Frequenz anderer Menschen bewusst sind. So funktioniert die mediale Fähigkeit.

Es kann hilfreich sein, sich *alle* diese Möglichkeiten der Verbindung und Kommunikation im Sinne von Radiofrequenzen vorzustellen. Sie können Radiofrequenzen zwar nicht sehen, und wenn das Radio ausgeschaltet ist, können Sie sie auch nicht hören, aber Sie wissen, dass jeder Sender nach wie vor Signale ausstrahlt und dass die Leute, die ein Radio eingeschaltet haben, sie EMPFANGEN. Wenn Sie energetische Frequenzen aus dieser Perspektive betrachten, können Sie leichter nachvollziehen, wie andere Menschen Sie beeinflussen.

In Anbetracht der Dinge, die ich am eigenen Leib erlebt habe, sowie der Erfahrungen, die andere mir anvertraut haben, finde ich es interessant, dass viele Menschen nicht an die Macht des Geistes und/oder der Energie glauben. Wissenschaftler räumen inzwischen ein, dass der Geist mächtiger ist als ein Computer und dass wir immer noch lediglich einen winzigen Prozentsatz dessen verstehen, wozu er in der Lage ist. Trotzdem tun diejenigen, die sich verächtlich zum Thema Energie äußern, solche Situationen, in denen wir uns mit anderen verbinden, liebend gern als »Zufall« oder »Koinzidenz« ab. Durch die Lektüre dieses Buches werden Sie hoffentlich in der Lage sein zu verstehen, was es mit diesen magischen Erlebnissen auf sich hat – und so viel mehr aus Ihrem eigenen Leben machen können.

3

Die Macht des neutralen Geistes

Als Sie über die Herausforderungen und Kämpfe, die ich zeit meines Lebens überstehen musste, gelesen haben, wird Ihnen vielleicht aufgefallen sein, dass ich mich oft nach meinem Instinkt richtete und schnelle Entscheidungen traf. Dazu musste ich mich in einem Zustand der NEUTRALITÄT befinden, und dies ist entscheidend, wenn Sie die Energiefrequenzen um sich herum nutzen wollen. Also werde ich nun näher darauf eingehen.

Was bedeutet neutraler Geist?

Der NEUTRALE GEIST ist ein Raum, in dem Sie weder analysieren noch urteilen, Sie sind einfach nur präsent in dem, was Sie tun. Ihre Sensibilität ist erhöht, und daher können Sie auf das Super-Unterbewusstsein zugreifen. Buddhisten nennen diese Seinsweise »Nichtanhaftung«, andere wiederum bezeichnen dies als »Im-Jetzt-Sein«.

In diesem Zustand sind Sie auch aufmerksamer Beobachter, und als aufmerksamer Beobachter gewinnen Sie Abstand von einer Situation, was es Ihnen erleichtert, Ihre Reaktion darauf und folglich Ihre Energie zu kontrollieren. Wenn Sie gewahr werden, was um Sie herum ist und welche Wirkung dies auf Sie ausübt, können Sie Ihre Energie kalibrieren und sich so bewusst und sicher sein, wie Menschen, Orte, Situationen und Gegenstände Sie beeinflussen.

Dieser NEUTRALE GEIST-Zustand ist ein machtvoller ausbalancierter Zustand, in dem Sie in Ihrer richtigen, gesunden

Frequenz schwingen: Wenn Sie sich in diesem Raum befinden, geschehen magische Dinge: Sie treffen die richtigen Entscheidungen und bekommen das, was Sie sich wünschen, und Sie werden auch feststellen, dass Sie nicht von negativen Dingen beeinflusst werden, die Sie andernfalls aus dem Gleichgewicht bringen würden.

Dann wiederum können Sie einen NEUTRALEN GEIST in Situationen haben, in denen sich Ihr Überlebensinstinkt meldet. So haben Sie bestimmt Geschichten über Leute gehört, die eine übernatürliche Stärke nutzbar machen konnten in Situationen, in denen sie dieser wirklich bedurften, und normalerweise war ihr Leben oder das eines anderen in Gefahr. Ähnliches kann manchmal auch passieren, wenn Sie sich verirrt haben – etwa in einem Wald oder auf See – und völlig orientierungslos sind. Vielleicht haben Sie sich mit dem Auto verfahren und die Orientierung verloren; vielleicht fühlen Sie sich »verloren« wegen Ihrer Emotionen oder weil Sie krank sind und um Ihr Leben kämpfen. Falls Sie in solchen Zeiten, wenn Ihnen niemand helfen kann, NEUTRALITÄT finden, ohne anzuzweifeln, was Sie tun, übernimmt Ihr Instinkt die Führung – und Ihr Bewusstsein öffnet sich. Gewöhnlich bleibt Ihnen keine Zeit dafür, die Situation zu beurteilen oder zu analysieren. Stattdessen finden Sie zu einer unglaublichen Stärke und scheinen einfach zu wissen, was zu tun ist – wie auch die folgende Geschichte dieser Frau zeigt.

An einem Wintertag ging ich in einem abgelegenen Teil des Gebirges spazieren. Es war sehr verschneit und kalt, und ich war schon stundenlang unterwegs. Ich hatte keine Ahnung, wo ich mich befand, sondern wusste nur, dass ich ein paar Stunden von der Zivilisation entfernt war.

Plötzlich verspürte ich Schmerzen in der Brust. Vielleicht lag es an der Kälte, ich weiß nicht, aber ich geriet in Panik. Meine Beine fühlten sich wie Wackelpudding an, mein Herz pochte wild, das

Atmen fiel mir schwer. Ich wusste nicht, ob ich weitergehen und kämpfen oder aufgeben und Gott weiß was tun sollte. Es wurde langsam dunkel, und ich musste eine Entscheidung treffen. Ich beschloss weiterzugehen.

Also ging ich weiter, ohne nachzudenken. Ich setzte einfach einen Fuß vor den anderen. Irgendwie schienen meine Schmerzen zu verschwinden, und ich weiß nicht, wie ich es geschafft habe, aber zwei Stunden später erreichte ich ein Haus. Ich dachte nicht darüber nach, wer sich darin aufhalten würde. Ich klopfte einfach an die Tür. Und zum Glück fand ich Hilfe.

Diese Frau hatte keine Ahnung, wie stark sie sein konnte, aber irgendwo in ihrem Inneren fand sie eine enorme Notreserve. Sie musste überleben. Wenn sie nur einen Augenblick innegehalten hätte, um über das Für und Wider des Weitermachens nachzudenken, hätte sie wahrscheinlich nie dieses Risiko auf sich genommen. Aber sie zog das durch, was ihr in den Sinn kam, und zum Glück ging die Geschichte gut aus. Das war NEUTRALER GEIST in Aktion. Dadurch, dass sie in diesem Zustand war, erkannte sie, dass sie die richtige Antwort bekam – und die Kraft, das Richtige zu tun, als sie diese am dringendsten nötig hatte.

Wenn Sie im Zustand des NEUTRALEN GEISTES sind, handeln Sie nicht nur, ohne zu analysieren, sondern Sie sind auch emotional unvoreingenommen. Das hilft Ihnen, das große Ganze zu erkennen und die richtigen Entscheidungen zu treffen.

Man kann mit dem Begriff der emotionalen Unvoreingenommenheit oder des emotionalen Abstands leicht durcheinanderkommen, vor allem in Situationen, in denen es um Personen geht, die Ihnen nahestehen. Als Mutter oder Vater beispielsweise können Sie sich um Ihr krankes Kind kümmern, indem Sie Abstand von der Situation gewinnen, sich emotional zurücknehmen und beobachten, was vor sich geht. Ohne emotional verstrickt zu sein, vermögen Sie die Lage, so wie sie ist, zu erkennen, sodass Sie nicht bei Gedanken über das Worst-Case-Szenario hängen bleiben. Aus der Perspektive des NEUTRALEN GEISTES werden Sie dann keine negative Energie, wie etwa Angst oder Panik, die Sie vielleicht empfinden, an andere weitergeben.

Neutraler Geist – Sie wissen mehr, als Sie denken

Um in der Lage zu sein, das Beste aus diesem machtvollen Zustand herauszuholen, müssen Sie erkennen können, wann Sie sich in ihm befinden. So, wie Sie energetische Botschaften SENDEN und EMPFANGEN, ohne sich dessen bewusst zu sein, sind Sie oft – ohne es zu merken – in einem Zustand des NEUTRALEN GEISTES. Es ist nichts Neues, was Sie erst lernen müssen. Was Sie lediglich lernen müssen, ist, diesen Zustand *wiederzuerkennen*, denn Sie erleben ihn eigentlich seit Ihrer Geburt.

Wir alle kommen auf die Welt, um letztendlich glücklich und gesund zu sein und um das Beste aus uns herauszuholen. In der frühen Phase unseres Lebens sind unsere Sinne am stärksten ausgeprägt, und wir sind offener für neue Entwicklungen und die Aufnahme von Wissen. In dieser Zeit befinden wir uns in unserem reinsten Zustand der NEUTRALITÄT. Jedoch ist das auch die Phase, in der wir viel offener für äußere suggestive Einflüsse sind.

Von dem Augenblick an, in dem wir durch Wissen aus der Außenwelt konditioniert zu werden, verlieren wir nach und nach die Verbindung mit unseren natürlichen Instinkten und unserer Intuition. Dem Diagramm auf Seite 39 können Sie entnehmen, wie der NEUTRALE GEIST eines Erwachsenen die Verbindung mit dem Super-Unterbewusstsein im Vergleich zu einem Kind verliert.

Während wir heranwachsen und uns entwickeln, öffnen wir uns den Einflüssen und Einwirkungen des Lebens. Wir werden von unserer Umgebung, unserer Gesellschaft, unserer Schicht, Erziehung, Religion, Familie und den sozialen Gruppen um uns herum geprägt. Egal ob positiv oder negativ, diese äußeren Einflüsse (oder menschengemachten Schubladen) beginnen zu formen, wer wir sind und wie wir denken. Nur wenn wir über diese Schubladen und Zwänge im alltäglichen Leben hinaussehen, können wir erkennen, wer wir sind und was wir eigentlich brauchen.

Oft passiert es erst, wenn Menschen krank werden, in einer negativen Beziehung stecken oder eine ungeeignete Berufslaufbahn eingeschlagen haben, dass sie sich ihres Bedürfnisses bewusst werden, sich erneut mit ihrem natürlichen Selbst und ihren Anziehungskräften im Leben zu verbinden. Manchmal werden wichtige Lebensentscheidungen, etwa zur Partner- oder Berufswahl, aufgrund von anderen Zwängen oder Menschen in unserer Umgebung getroffen, statt dass wir unseren natürlichen Instinkten Gehör und Aufmerksamkeit schenken. Wenn wir alle mehr auf unsere natürlichen Energiefrequenzen und Instinkte eingestimmt wären, so wie es bei Kindern der Fall ist, würden wir höchstwahrscheinlich eher unseren NEUTRALEN GEIST einsetzen, um gesündere und glücklichere Entscheidungen zu treffen.

Indem wir diese natürliche Fähigkeit, die wir alle besitzen, erkennen und uns darin bestärken, sie zu benutzen und unseren Instinkten zu vertrauen, könnten wir alle, wie ich glaube, viel mehr im Leben erreichen. Man kann nur hoffen, dass in Zukunft diese Art des Lernens in Schulen eingeführt und im frühen Alter gelehrt wird, um den NEUTRALEN GEIST und die verborgenen Fähigkeiten, die wir alle besitzen, zu schützen und zu fördern. In unserer heutigen modernen Welt müssen Kinder sich mit so vielen eher »unnatürlichen« Einflüssen wie Computer, Handy und Internet auseinandersetzen. Auch wenn diese neuen Technologien helfen sollen, unser Leben und unser Verständnis zu verbessern, so tragen sie doch ebenfalls dazu bei, unseren Geist und das Maß, in dem wir unsere angeborenen natürlichen Fähigkeiten nutzen, einzuschränken.

Wie Ihnen vielleicht aufgefallen ist, gelangen wir in den NEUTRALEN GEIST-Zustand, wenn wir glücklich sind und nicht von Gedanken und Zwängen gehemmt werden. Um Zugang zum NEUTRALEN GEIST zu haben, sollten Sie die folgenden Hinweise beachten:

- Erinnern Sie sich daran, was Sie empfinden, wenn Sie mit Dingen beschäftigt sind, bei denen Sie sich entspannt und ausgeglichen fühlen.

- Würdigen Sie es, dass dieses Gefühl Ihren Körper und Geist voll und ganz erfasst. Es kann ein wenig dem wohligen Zustand ähneln, wenn Sie kurz vor dem Einschlafen sind.

- Identifizieren Sie das überwältigende Gefühl, zu wissen, dass Sie am richtigen Ort sind.

- Werden Sie Ihrer Gefühle gewahr, die Sie empfinden, wenn Sie etwas tun, was Sie wirklich tun müssen.

Uns allen sind Situationen vertraut, in denen wir uns nach unserem Instinkt gerichtet haben, selbst wenn dies anderen Ratschlägen und Informationen zuwiderlief. Und das ist eines der besten Dinge, auf die Sie setzen können, um sich Zugang zum NEUTRALEN GEIST zu verschaffen.

Die Macht des neutralen Geistes 39

A) Neutraler Geist eines Kindes

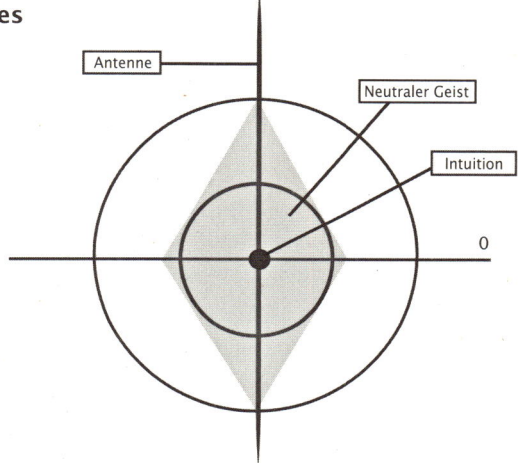

B) Neutraler Geist eines Erwachsenen

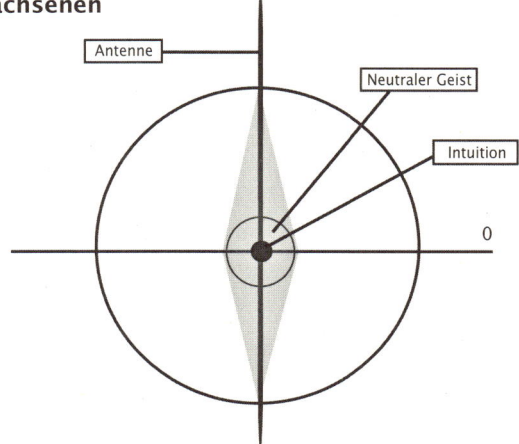

Neutralität ganz konkret

Was bedeutet das also alles in der Praxis? Welche Art von Tätigkeiten üben Sie als Erwachsener aus, die Sie in einen NEUTRALEN Zustand versetzen?

Wenn ich heile, befinde ich mich im NEUTRALEN Zustand. Wenn ich zu Hause bin, gehe ich mein Leben genauso an wie jeder andere auch: Ich kaufe ein, koche, verbringe Zeit mit meiner Familie und meinen Freunden, rede über die Ereignisse des Tages, sehe ein wenig fern, lese zur Entspannung – und so weiter. Aber sobald ich die Tür zu meiner Praxis öffne, schiebe ich all die anderen Einzelheiten meines Lebens beiseite. Dann widme ich mich voll und ganz meinen Patienten und beobachte, was bei ihnen abläuft. Indem ich offen dafür bin, Informationen zu empfangen, kann ich ihre Frequenz erkennen und sie transformieren, sie dorthin bewegen, wo sie hingehört. Dadurch, dass ich gelernt habe, mich in den Zustand der NEUTRALITÄT zu versetzen, bin ich seit nahezu 30 Jahren in der Lage, intensiv und regelmäßig zu arbeiten. NEUTRALITÄT schützt mich vor emotionaler Anhaftung an meine Patienten – und nützt ihnen ebenfalls, da sie so schneller und mit besseren Resultaten gesund werden.

Jeder von uns ist anders, und darum finden wir NEUTRALITÄT auf unterschiedliche Weisen. Aber ungeachtet dessen, wie wir dies erreichen, entspannen wir uns alle und gelangen in einen meditationsähnlichen Zustand. Dies kann sich durch Aktivitäten wie Schwimmen, Spazierengehen, Malen, Zeichnen, Kochen, Joggen und natürlich Meditieren ergeben. Manche Schauspieler, Sänger, Musiker oder Komiker begeben sich in den NEUTRALEN Zustand, sobald sie die Bühne betreten.

Es kommt auch vor, dass einige sehr erfolgreiche Geschäftsleute in die NEUTRALITÄT wechseln, um das große Ganze einer wirtschaftlichen Situation zu überblicken und die beste Entscheidung zu treffen. Athleten, die zur Leistungsspitze ihres

Sports gehören wollen, begeben sich in die NEUTRALITÄT, um Rekorde zu brechen und Medaillen zu gewinnen. Sie bezeichnen das als die »Zone« – und wenn sie an diesem Ort sind, fühlt sich alles mühelos an. Falls Sie eine besondere Fähigkeit, eine Gabe oder ein Talent besitzen, das Sie als ganz natürlich empfinden, und Sie sich veranlasst sehen, davon Gebrauch zu machen, befinden Sie sich, wenn Sie dem Drang nachgeben, wahrscheinlich im NEUTRALEN GEIST-Zustand.

Später werde ich Ihnen einige Übungen zeigen, die Sie dabei unterstützen, in einen NEUTRALEN Zustand zu gelangen. Aber zunächst einmal beschäftigen wir uns mit der Frage, warum NEUTRALITÄT für Sie wichtig ist.

Warum ist Neutralität wichtig für Sie?

Schutz

Das Leben ist voller hypnotischer Suggestionen, die sowohl auf unseren Körper und Geist einwirken als auch unsere Energiefrequenz beeinflussen. Wenn Sie schon einmal einen Bühnenhypnotiseur in Aktion erlebt haben, werden Sie wahrscheinlich Tricks gesehen haben, dass jemand etwa bereitwillig eine rohe Zwiebel oder eine Zitrone gegessen hat, weil ihm eingeflüstert worden ist, dass er einen Apfel in der Hand halten würde. Aber Sie müssen kein ausgebildeter Hypnotiseur sein, um solche machtvollen Botschaften zu SENDEN – wir EMPFANGEN (und SENDEN) sie jeden Tag. Worauf wir jedoch achten sollten, ist, ob die Informationen, die wir aufnehmen, gut für uns sind.

Wenn die Suggestionen von Personen herrühren, denen wir vertrauen, denen wir glauben und die wir respektieren, wie unsere Eltern, Lehrer und Ärzte, können sie besonders wirksam sein – in positiver oder in negativer Hinsicht.

Eine Patientin von mir hatte einen Gehirntumor, und als ich sie kennenlernte, hatte man ihr nur noch zwei Monate zu leben gegeben. Der immer größer werdende Tumor hatte angefangen, einen ihrer Augäpfel herauszuschieben, und epileptische Anfälle ausgelöst. Nachdem sie eine Woche lang Sitzungen bei mir hatte, hörten ihre epileptischen Anfälle auf – und der Tumor schrumpfte. Ihr Auge saß wieder richtig in der Augenhöhle. Sie war so glücklich und voll Hoffnung, dass sie und ihr Freund zu heiraten beschlossen.

Ein paar Wochen später suchte sie ihren Arzt auf, um ihm die gute Nachricht mitzuteilen. Am nächsten Tag kehrte sie tränenüberströmt in meine Praxis zurück. Sie hatte ihrem Arzt erzählt, wie gut sie sich fühle, und ihm ihr Auge gezeigt. Sie hatte ihm auch berichtet, dass sie keine epileptischen Anfälle mehr hatte. Der Arzt hatte erwidert: »Sagen Sie Ihrem zukünftigen Ehemann, dass er sich die nächsten zwei Monate freinehmen soll, weil Sie meiner Meinung nach danach nicht mehr leben werden.«

Ich konnte es weder fassen, dass er das gesagt hatte, noch nachvollziehen, wie er denken konnte, dass seine Äußerungen irgendwie hilfreich sein würden. Zum Glück weigerte sich diese Frau, sich an seiner Negativität hochzuziehen. Sie schüttelte ab, was er gesagt hatte, und konzentrierte sich auf ihre Genesung.

Es ist mir eine Freude, berichten zu können, dass sie nun seit einem Jahr glücklich verheiratet ist – und ein Kind erwartet. Ihr Tumor ist völlig verschwunden. Sie hat ihrem Arzt das Gegenteil bewiesen, was fantastisch für sie, ihren Ehemann und ihr zukünftiges Kind ist.

Diese Geschichte ist eines der erbaulichsten Beispiele dafür, warum ein NEUTRALER Zustand so wichtig ist. Nach dem anfänglichen Schock und der Aufregung ließ diese Frau es nicht zu, von den Äußerungen ihres Arztes beeinflusst zu werden. Weder verzweifelte sie noch geriet sie in Panik, wie manch anderer es getan hätte. Sie fühlte sich so gut, und die Anzeichen waren so eindeutig, dass sie wieder gesund werden würde, dass sie der Vorstellung vom Tod den Rücken kehrte und sich stattdessen voll und ganz auf das Leben konzentrierte.

Um NEUTRAL zu bleiben, müssen Sie lernen, das zu beachten, was Sie hören, *ohne* sich davon beeinflussen zu lassen. Sie müssen sich wie ein Beobachter verhalten – und wenn Sie eine negative Botschaft hören oder sehen, müssen Sie sich selbst Einhalt gebieten, die Energie davon anzuzapfen. Man könnte sagen, dass Sie die Dinge loslassen müssen, dass all dies an Ihnen abprallen sollte.

Problemlösung

Es ist nicht nur unbedingt notwendig, NEUTRAL zu sein, wenn Sie sich mit Ihren eigenen Problemen auseinandersetzen, sondern auch, wenn Sie anderen helfen. Manche Leute glauben, dass sie, wenn alles schiefgeht, mit der leidenden Person Mitleid haben sollten. Aber mit der Haltung »Du Arme/Du Armer« können Sie eigentlich niemandem helfen, was vor allem dann gilt, wenn es sich um einen Freund oder Verwandten handelt. Es hat zwar den Anschein, dass Sie nett sind, wenn Sie Mitleid zeigen, aber Sie können damit niemandem dabei helfen, in die Neutralität zu wechseln. Vielmehr müssen Sie der Person dabei helfen, ihre Energie zu verändern:

- Ermutigen Sie sie, das Gute zu sehen, das sie aus der Situation herausholen kann.

- Helfen Sie ihr, weiterzugehen. Worauf kann sie sich konzentrieren, um das hinter sich zu lassen, was sie aus dem Gleichgewicht gebracht hat?

- Lassen Sie sie kein Opfer sein – und seien Sie selbst auch keins.

- Unterstützen Sie die Person dabei, herauszufinden, wie sie die Situation ändern kann.

Es kommt vor, dass ich ein Problem nur lösen kann, wenn ich mich in einem NEUTRALEN Zustand befinde. Vor einigen Jahren, als ich umziehen wollte, dachte ich, ich hätte den perfekten Platz gefunden. Doch dann wurde mir klar, dass ich es mir nicht leisten konnte. Ich war so enttäuscht, denn ich hing schon sehr an dem Haus und hatte meine ganze Energie hineingesteckt, noch bevor es endgültig mir gehörte. Dadurch und durch meine emotionale Anhaftung hatte ich mich von meinem Ort der NEUTRALITÄT fortbewegt und war wirklich aufgebracht, als mein Angebot abgelehnt wurde.

Interessanterweise erinnere ich mich lebhaft an den Moment, in dem sich das Problem von selbst erledigte. Ich war mit meinem Mann draußen, wir liefen am Strand, und ich sah immer mehr positive Gründe, warum wir dieses Haus nicht gekauft hatten – wie etwa die Tatsache, dass es nicht den Ausblick hatte, den ich mir eigentlich wünschte. Allmählich begann ich zu glauben, dass es etwas Besseres für uns geben würde. Indem ich die Gründe erkannte, warum das Haus für uns nicht geeignet war, fühlte ich mich wirklich gut und ließ es dabei bewenden. Ich wechselte in die NEUTRALITÄT in Bezug auf diese Angelegenheit.

Buchstäblich ein paar Minuten später sah ich ein Haus, das zu verkaufen war. Es sah fantastisch aus, und wir entschieden spontan, es uns näher anzusehen. Das Haus war einfach perfekt – leider jedoch eine Nummer zu groß für uns. Aber statt gleich mein Herz an dieses Haus zu hängen, wusste ich dieses Mal, dass sich etwas richtig anfühlte, und wie durch einen Zauber bekam mein Mann gerade rechtzeitig einige zusätzliche Arbeitsaufträge, sodass wir es uns kaufen konnten.

Sobald ich das losließ, was mich zurückgehalten hatte, kam im Bruchteil einer Sekunde etwas Besseres in mein Leben – und in diesem Haus leben wir heute.

Wie sich herausstellte, konnte ein Freund von mir sich das erste Haus, das ich gesehen hatte, leisten, und es war das Richtige für ihn. Er kaufte es, und so kehrte sich schließlich doch noch alles zum Besten für alle. Mein Freund und ich bekamen die richtigen Häuser, und sein Haus kann ich jederzeit aufsuchen!

Katastrophen und Missgeschicke können von Vorteil für Sie sein, da Sie dadurch erkennen, was gut für Sie ist und was schlecht. In solchen Zeiten müssen Sie innehalten und sich fragen: Was ist das Gute an dem Ganzen? Sie müssen die Sache mit jemandem durchsprechen. Betrachten Sie die Gründe, warum das, was geschehen ist, zum Besten war. Warum sollte es passieren? Was war an dem, was Sie wollten, schlecht? Später, in der Zukunft, werden Sie zurückblicken und einsehen können, wie sich schließlich alles zum Besten gekehrt hat, aber entscheidend ist, dass Sie es *jetzt* erkennen. Vielleicht sieht es im Augenblick nicht gut aus, aber Sie müssen Ihre Fähigkeit, rational zu denken, in der Gegenwart einbringen, wo sie am meisten etwas bewirken kann.

Entscheidungsfindung

Wir alle stehen ständig vor Entscheidungen. Es ist also wirklich wichtig, einen Weg zu finden, um gute Entscheidungen zu treffen. Wenn Sie etwas anzweifeln, werden Sie immer einen Grund finden, es zu unterlassen – einen Grund, warum es nicht vernünftig ist, warum nicht die richtige Zeit dafür ist oder warum es sicher ist, da zu bleiben, wo Sie gerade sind. Aber wenn Sie eine Entscheidung treffen, ohne Zweifel zu hegen, wissen Sie, dass Ihre Intuition Sie führt und dass sie richtig ist. Alle großen Entscheidungen, die ich in meinem Leben getroffen habe, beruhten auf meinem Bauchgefühl. Als ich meine Heimat verließ, um auf die Kanarischen Inseln zu ziehen, und später dann, als ich von den Kanarischen Inseln nach Großbritannien zog, brach ich innerhalb weniger Tage, nachdem ich meinen Entschluss gefasst hatte, auf. Ich wusste einfach, dass es die richtige Entscheidung war. Ich habe gelernt, NEUTRAL zu sein und Situationen nicht zu analysieren.

Auch Sie müssen diesen Zustand erkennen und darauf vertrauen. Denn dann wird sich immer alles klären, das ist jedenfalls meine Erfahrung.

Wir können eine Situation noch so sehr rational erklären – und wenn wir uns auf den Kopf stellen –, so wissen wir doch tief im Inneren, was das Beste für uns ist. Wir fühlen es einfach. Jeder Einzelne von uns hat einen Instinkt, der ihm sagt, wenn etwas gut mit ihm harmoniert und wenn nicht. Es mag klar auf der Hand liegen, aber wenn Sie die richtigen intuitiven Entscheidungen treffen, fühlen Sie sich gut – Sie sind wie im Rausch oder schwingen auf der richtigen Ebene. Wenn Ihr Körper und Geist im Gleichgewicht sind, öffnet sich Ihre Intuition.

Treffen Sie dagegen eine schlechte Entscheidung, werden Sie das auch spüren. Vielleicht wird Ihnen bang ums Herz, oder Sie haben einen Kloß im Hals. Vielleicht können Sie nachts nicht schlafen, leiden an Appetitlosigkeit oder ziehen sich eine immer wiederkehrende Verletzung oder Krankheit zu. Indem Sie sich von Ihrer natürlichen Frequenz entfernen, setzen Sie sich Unpässlichkeiten und Krankheiten aus, und wenn Sie in einem ungesunden Zustand sind, treffen Sie auch ungesunde Entscheidungen.

Denken Sie an eine Zeit zurück, in der Sie nicht auf Ihr Bauchgefühl gehört haben – eine Zeit, in der Sie gespürt haben, dass Sie eine Entscheidung treffen sollten, aber etwas anderes taten. Was war die Folge davon? In solchen Fällen passiert es oft, dass Sie womöglich letztendlich einen Zug verpasst haben, den falschen Job angenommen haben oder in einer problematischen Beziehung stecken geblieben sind. Wenn Sie auf solche Situationen zurückblicken, können Sie wahrscheinlich erkennen, dass Sie tief im Inneren wussten, dass Ihre Entscheidung falsch war, aber es trotzdem irgendwie durchgezogen haben.

Wenn Sie andererseits etwas finden, was Sie in Ihrem Leben wirklich brauchen, sind keine Anstrengungen oder Kämpfe vonnöten. Wenn Sie dem richtigen Partner oder Freund begegnen, scheint sich einfach alles wie von selbst zu fügen, sogar allen Widrigkeiten zum Trotz. Wenn sich der perfekte Job für Sie auftut, fühlt es sich richtig an, und wenn Sie Ihr zukünftiges Haus betreten, wird sich die Energie positiv und stark anfühlen. Es kann manchmal unheimlich sein, mit dem Strom Ihrer Intuition zu schwimmen, aber aller Wahrscheinlichkeit nach ist es das Beste.

NEUTRALITÄT ist ein Geisteszustand, der die Tür zu unserer Intuition öffnet.

Viele Faktoren, wie Stress, Krankheit und Angst, können uns davon abhalten, Zugang zu unserem NEUTRALEN GEIST zu erhalten. Trotzdem sind es ironischerweise oft gerade diese Faktoren, die uns dazu antreiben, den NEUTRALEN GEIST zu finden, wenn keine andere Hilfe oder Erklärung verfügbar ist.

Wenn ich Leute erlebe, die im Zuge ihrer Entscheidungsfindung auf natürliche Weise in die NEUTRALITÄT wechseln, sind sie oft am Tiefpunkt angelangt. Vielleicht haben sie einen geliebten Menschen, ihr ganzes Geld oder ihre Hoffnung verloren. In solchen Augenblicken sind die wichtigsten Entscheidungen, die Sie treffen können:

- das loszulassen, was Sie nicht mehr in Ihrem Leben haben wollen, indem Sie sich auf etwas anderes konzentrieren.

- sich nicht auf das zu konzentrieren, was Sie nicht haben wollen.

- sich von Ihrem Tiefpunkt wieder hochzuziehen.

- Treffen Sie die mutige Entscheidung, sich selbst ins Licht und in Ihre Zukunft zu heben.

Wie Sie Ihren NEUTRALEN GEIST kultivieren

Eine der entscheidenden Maßnahmen, die Sie treffen können, um NEUTRALITÄT zu finden, besteht darin, Ihrem Instinkt und Ihren Ahnungen zu folgen und die energetischen Botschaften, die Sie EMPFANGEN, nicht zu ignorieren. Indem Sie wieder und wieder diese Gelegenheiten erkennen und sich nach ihnen richten, werden Sie anfangen, immer stärker die Kontrolle darüber zu gewinnen, was Sie EMPFANGEN und – im Gegenzug – was Sie SENDEN.

Vor einer Weile hatte ich einen Krankenhaustermin. Während ich auf den Bus wartete, sah ich eine Dame auf der anderen Straßenseite, die aus ihrem Haus herauskam und in ihren Wagen stieg. In diesem Augenblick dachte ich: »Wäre es nicht toll, wenn sie in die Stadt fahren und mich mitnehmen würde?« Und im nächsten Moment kurbelte sie ihr Fenster herunter und fragte mich, ob ich einen weiten Weg habe und ob sie mich nicht mitnehmen könne. Ich war schockiert! Es war, als hätte sie meine Gedanken gelesen.

Koinzidenz ist mehr als nur ein zufälliges Ereignis. Sie sollten einmal alles betrachten, was Ihnen »zufällig« passiert ist – und dann Folgendes in Erwägung ziehen:

- Warum haben Sie eine bestimmte Botschaft oder Energie EMPFANGEN?
- Von wem oder woher kam sie?
- Warum kam sie zu Ihnen in diesem bestimmten Moment?
- Warum waren Sie empfänglich dafür?
- Wann haben Sie sich dafür geöffnet, das Bauchgefühl zu erkennen, das Sie zur besten Entscheidung geführt hat?

- Was führte zu diesem Ereignis?

Wenn Sie diese Informationen sammeln, werden Sie perfekte Beispiele dafür haben, in welchen Situationen Sie Ihre NEUTRALITÄT benutzen.

Sie können auch noch andere Schritte unternehmen, um Ihren NEUTRALEN GEIST zu kultivieren – und Sie werden vielleicht überrascht darüber sein, wie einfach das ist.

1. Seien Sie sich Ihrer Gedanken bewusst

Zu erkennen und sich einzugestehen, was Sie denken, bringt Sie ein ganzes Stück näher zur NEUTRALITÄT, denn sobald Sie sich Ihre Gedanken eingestehen, fangen Sie an, Ihren Körper, Ihren Geist, Ihre Seele und Ihren Instinkt unter Kontrolle zu haben. Und Sie fangen ebenfalls mit der Neuprogrammierung Ihres Geistes an.

Jeder kann diesen Prozess in Gang setzen, selbst wenn meiner Erfahrung nach nicht jeder in Worte fassen kann, wie er sich fühlt. Aber es geht nicht um Wörter – es geht um Ihre Gefühle und um Ihr Tun.

> *Eine meiner Patientinnen sagte zu mir: »Ich habe nichts, wofür es sich zu leben lohnt – nichts, dem ich freudig entgegensehen könnte.« Sie war Anfang dreißig, hatte ein Kind und ein schönes Zuhause – alles, was ihr fehlte, war der richtige Partner.*
>
> *Ich fragte sie, was sie genau wollte. Mit welchem Typ Mann würde sie gern ihr Bett und Heim teilen? Was unternahm sie gern? Aber sie konnte mir darauf keine Antworten geben. Ihr Kopf war so voll von dem, was sie nicht hatte, dass dort kein Raum frei war, um dem Leben freudig entgegenzusehen.*

Egal wie schlecht es Ihnen geht, dies können Sie immer tun:

- Denken Sie weiter daran, was Sie sich wünschen.

- Ändern Sie Ihre Gedanken und konzentrieren Sie sich darauf, die negativen Gedanken, die Sie gewöhnlich hegen, zu unterbinden.

Wenn Sie das tun, kontrollieren Sie Ihre negative Programmierung und können in den NEUTRALEN Zustand gelangen.

Wenn Sie allmählich merken, wie hilfreich dieser Zustand für Sie ist, werden Sie hoffentlich die Schritte tun, die erforderlich sind, um an sich selbst zu arbeiten.

Und sobald Sie erkennen, was Ihr Denken bewirkt und was Sie daran hindert, das zu bekommen, was Sie sich wünschen, haben Sie bereits den Prozess in Gang gesetzt, um das anzuziehen, was Sie gern in Ihrem Leben haben möchten.

2. Richten Sie sich nach außen und nicht nach innen

Viele Menschen verbringen so viel Zeit in ihrem Kopf, dass sie nicht einmal merken, was um sie herum geschieht.

Um den NEUTRALEN GEIST zu erfahren, müssen Sie einen Teil Ihrer Umgebung spüren und sich damit verbinden. Vielleicht kennen Sie die bekannte Redewendung »Riech die Rosen« im Sinne von »Nimm dir Zeit für die schönen Dinge des Lebens und genieße sie«. Nun, darin steckt sehr viel Wahrheit. Es folgen einige Vorschläge, wie Sie zu Werke gehen können:

- Gehen Sie hinaus in die Natur und fühlen Sie sich als Teil davon.

- Erfreuen Sie sich an den Farben der Blumen im Park oder in Ihrem Garten.

- Beobachten Sie die vorbeifliegenden Vögel.

- Gehen Sie an Plätze, an denen Sie von Grün umgeben sind.
- Verbringen Sie Zeit am Wasser und lauschen Sie seinem Klang.
- Nehmen Sie die Elemente des Lebens in sich auf, wie etwa Wind und Erde, die in unserer dicht bebauten Welt kaum noch zu finden sind.
- Seien Sie sich des Himmels bewusst und achten Sie auf die Wolkenformen und -formationen.
- Beobachten Sie nachts die Sterne und den Mond. Seien Sie Teil ihrer Energie.

Den Blick nach außen zu richten hilft Ihnen, Ihre Aufmerksamkeit von jeglichen negativen Gedanken, die Sie hegen, wegzunehmen und Ihren Fokus auf natürliche und positive Dinge zu richten. Sie müssen erkennen, dass Sie ein Teil des Universums sind – auch wenn es nur ein winziger Teil ist – und folglich mit allem um Sie herum verbunden sind.

Dies ist eine Form der »aktiven« Meditation, und es gibt noch andere Möglichkeiten, wie Sie sich auf ähnliche Weise entspannen können. Jeder kann seinen eigenen Weg finden, um zu entspannen und seinen Kopf freizubekommen. Es spielt keine Rolle, was Ihnen mehr liegt, solange es funktioniert. Sie können schweigend mit überschlagenen Beinen dasitzen. Sie können Musik hören. Sie können ein Mantra aufsagen. Tun Sie es einfach, Hauptsache, es funktioniert!

3. Drücken Sie sich aus

Ich bin eine entschiedene Befürworterin der Selbstdarstellung. Sie hilft uns allen, zu entspannen und in eine Art Zen-Zustand zu gelangen. Sie können Ihre Kreativität auf vielfältige Weise zum Ausdruck bringen: durch Lesen, Schreiben, Kochen, Gärtnern, Sticken, Nähen, Stricken, Dekorieren, bildhauerisches Gestalten, Singen oder Malen – im Grunde durch jegliches Hobby, das Ihnen Freude bereitet.

Malen hilft mir, mich zu entspannen und eine Zone zu finden, in der ich mich dem Super-Unterbewusstsein öffnen kann. Meine Ideen rühren von einem Ort tief in meinem Inneren, und ich lasse die Gefühle, die ich in dem Augenblick empfinde, fließen. Ich folge einfach dieser Energie mit meinen Bewegungen auf der Leinwand und dann erst fange ich an zu erkennen, was ich gerade male.

4. Achten Sie auf Ihre Sprache

Jedes einzelne Wort hat seine eigene Frequenz, teilweise wegen der Bedeutung, die mit ihm verbunden ist. »Gut« hat eine andere Frequenz als »schlecht«, und »Hass« trägt eine andere Energie als »Liebe« in sich. Wir spüren die Energie dieser Wörter, wenn wir sie hören, lesen oder aussprechen. Deswegen spielt die Sprache, die Sie gebrauchen, eine entscheidende Rolle bei dem NEUTRALEN GEIST.

Interessant ist auch, dass die Bedeutung manchmal irrelevant für die Energie sein kann, die wir von den Wörtern spüren. Wenn jemand in einer Ihnen fremden Sprache mit Ihnen sprechen würde, würden Sie trotzdem die Energie von dem Gesagten wahrnehmen können.

Vielleicht haben Sie schon einmal erlebt, wie Hypnotiseure mit Leuten arbeiten, wenn sie ihnen einflüstern, was sie tun oder denken sollen. Aber die stärksten Suggestionen, die Sie Ihrem Geist eingeben können, kommen von Ihnen selbst! Sie sind Ihr eigener Hypnotiseur, und die Dinge, die Sie sich selbst sagen, haben einen direkten Einfluss auf Ihr Verhalten und Ihre Überzeugungen.

Später werde ich Ihnen eine Möglichkeit zum Üben geben, um von der Macht der Wörter Gebrauch zu machen, sodass Sie sich mit positiver Energie versorgen können. Aber sehen Sie sich jetzt erst einmal nur die folgenden Wörter an und achten Sie darauf, wie Sie sich dabei fühlen.

Flow
Energie
Kreativität
Liebe
Kraft
Umarmungen
Frieden
Ruhe
Himmel
Blumen
Wärme
Energie Natur
Spaß
Mitgefühl
Lächeln
Duft
Leidenschaft
Melodie
Freude
Kichern
Lachen
Trost
Schönheit
Gras
Freundlichkeit
Glück
Baby
Melodie
Güte
Gesundheit
Ozean
Liebe
Wärme
Genuss
Kuss
Sonnenschein

5. Respektieren Sie sich selbst

Es gibt gewisse andere Dinge hinsichtlich der Art und Weise, wie wir mit uns selbst umgehen, die Einfluss darauf haben, ob wir im NEUTRALEN Zustand sind oder nicht. Beispielsweise sehen die meisten Leute besser aus und fühlen sich besser – und folglich fühlt sich auch ihre Energie besser an –, wenn sie auf ihr Äußeres achten, sodass sie schön anzuschauen sind, etwa durch Kleidung, Make-up und so weiter. Sie müssen keine teure, modische Kleidung tragen, sondern vielmehr zeigen, dass Sie für sich sorgen und sich genügend respektieren, um eine Anstrengung zu machen. Vielleicht tragen Sie Anzug und Krawatte, Parfüm oder Lippenstift oder frisieren sich das Haar. Menschen, die stolz auf sich sind, neigen oft auch zu einer besseren Gesundheit. Es ist ihnen wichtig, sich gut zu fühlen und ihren Körper pfleglich zu behandeln, und zwar innerlich und äußerlich.

Einige andere Möglichkeiten, um zu zeigen, dass Sie sich selbst respektieren, sind:

- Sich gut ernähren.

- Aktiv sein.

- Alkoholgenuss einschränken.

- Sein Heim gepflegt, ordentlich und sauber halten.

(Wenn Ihr Zuhause oder Ihr Büro ein einziges Chaos ist, wird dies Ihre Energie beeinflussen. Viele Menschen, die in einem Durcheinander leben, sind depressiv. Häufig kann man sehen, dass diese zwei Aspekte Hand in Hand gehen, denn Unordnung und Depression haben eine ähnliche energetische Frequenz.)

Ihre Außenwelt spiegelt Ihre Innenwelt wider. Auch wenn Ihnen das noch nicht klar geworden ist, können Sie anfangen, sich auf den richtigen Weg zum NEUTRALEN GEIST zu begeben, wenn Sie die Plätze in Ordnung bringen, an denen Sie Ihre Zeit verbringen. Die Praxis des *Feng-Shui* basiert auf der Überzeugung, dass unsere Umgebung unsere Energie beeinflusst. Menschen, die den Feng-Shui-Prinzipien folgen, stellen fest, dass sich ihr Zuhause dadurch völlig anders und energiereicher anfühlen kann. Vertrauen Sie mir, wenn Sie das beherzigen, werden Sie sich besser und freier fühlen. Und wenn Sie in Ihrer Umgebung Platz schaffen, werden neue Dinge in Ihr Leben kommen.

Sie können Ihre Energie auch anheben, indem Sie etwas anderes tun, was Sie genießen und Sie erfreut, wie etwa ein bestimmtes Musikstück hören, zu Ihrem Lieblingslied tanzen oder Ihre Lieblingsspeise essen. Wir alle haben irgendwelche Vorlieben, die unsere Energie erhöhen, uns motivieren und uns positiv stimmen.

Experten in Sachen Neutralität

Tiere sind von Natur aus im NEUTRALEN Zustand und besitzen die intuitive Fähigkeit, die sie umgebenden Frequenzen wahrzunehmen und auf sie zu reagieren. Beispielsweise fällt Ihnen vielleicht auf, dass sich Ihre Haustiere kurz vor einem Wetterumschlag oder einem Erdbeben seltsam verhalten, aber auch wenn mit Ihnen etwas nicht in Ordnung ist oder wenn sie Gefahr in irgendeiner Form spüren. Tiere reagieren auf ihre energetischen Sinne, ohne zu analysieren, was sie wahrnehmen. Wenn ich Fernheilung praktiziere, berichten mir die Leute oft, dass ihre Haustiere von der Energie angezogen werden und sich während der Sitzung an sie kuscheln.

Die folgende Geschichte zeigt, wie einfach und unkompliziert es ist, Tiere zu heilen aufgrund ihrer natürlichen NEUTRALITÄT.

Vor ein paar Jahren zog sich mein bestes Pferd Billy, ein fortgeschrittener Vielseitigkeitshengst, eine Verletzung am Huf zu. Das bedeutete, dass Billy starke Schmerzen hatte und nicht laufen konnte. Nach der tierärztlichen Behandlung und einer viermonatigen Pause war er immer noch unglaublich lahm. Ich brachte ihn zur Untersuchung zu einigen der besten Tierärzte hierzulande, aber auch sie waren ratlos. Eine Kernspintomografie ergab, dass die Durchblutung an einer Seite des Fußes unterbrochen war und die Prellung und der Riss sehr tief gingen. Sie waren pessimistisch, was seine Zukunft betraf, und meinten, dass er wohl nie wieder an Wettbewerben teilnehmen könnte. Ich hatte also wenig Hoffnung, als ich ihn wieder nach Hause brachte.

Als letzter Ausweg fiel mir ein, Seka anzurufen, um sie zu fragen, ob sie irgendetwas für ihn tun könnte. Sie bat um ein Foto von Billy und wandte eine Woche lang jeden Tag Fernheilung an ihm an. Ein paar Wochen später konnte er traben. Ich war fassungslos – aber ich wollte auch nicht, dass wir vorschnell handelten. Ich ließ es einen weiteren Monat dabei bewenden, dachte ich doch, dass es vielleicht einfach nur Zufall oder ein Glücksfall war. Einen Monat später ging es Billy hundertprozentig wieder gut. Es hatte tatsächlich funktioniert!

Langsam nahmen wir das Training wieder auf, und innerhalb von drei Monaten nahm Billy an einer Vielseitigkeitsprüfung teil. Sechs Monate nachdem die Tierärzte gesagt hatten, dass er wahrscheinlich nie mehr zu diesen Prüfungen antreten könnte, wurden wir für ein britisches Team ausgewählt, um an der Europameisterschaft in Ungarn teilzunehmen.

Wir alle besitzen dieselbe Fähigkeit wie Tiere, energetische Frequenzen aufzufangen. Aber weil wir auch die »Gabe« haben, rational zu denken, setzen wir unsere natürlichen Sinne oft mit unseren Gedanken und Emotionen außer Kraft. Wenn wir alle NEUTRAL wären wie Tiere, würden wir in allen Bereichen unseres Lebens die tiefgründigsten Erfahrungen machen.

Die Zeit unseres Lebens, in der wir von Natur aus im höchsten Maße NEUTRAL sind, ist die Zeit unserer frühesten Kindheit. Das ist der Grund, warum ich auch bei der Behandlung von Babys und Kindern so erfolgreich bin. Sie sind einfach zu behandeln, weil sie andere Probleme nicht plagen, die ihrer Behandlung im Weg stehen. Erwachsene können, wenn sie krank sind, von Stress und anderen seelischen Hindernissen abgelenkt werden. Oft muss ich ihnen erst einmal helfen, diese Einschränkungen aus dem Weg zu räumen, bevor ich mich ihrer körperlichen Krankheit widmen kann. Aber bei Kindern kann ich direkt an dem Leiden arbeiten.

Vor ein paar Jahren behandelte ich ein schwer krankes Baby. Das kleine Mädchen war erst zwei Monate alt und hatte viele Gesundheitsprobleme, unter anderem ein Loch im Herz. Seine Beschwerden beeinträchtigten seinen Schlaf, und es schrie sehr viel. Seine Eltern waren völlig außer sich und wussten nicht mehr, wie sie ihm helfen konnten.

Als das Baby zum ersten Mal in meine Praxis kam, waren seine Schreie so schrill, dass sie förmlich das ganze Gebäude durchdrangen. Alle Leute im Warteraum und auf den anderen Etagen waren von dem Geschrei erschüttert. Es war so winzig, dass meine Hände, als ich sie auflegte, das Baby beinahe ganz umfassten – aber kaum hatte ich das getan, da hörte es auf zu schreien. Dann sah es zu mir auf, als würde es sagen wollen: »Oh ... das fühlt sich schön an.«

Nach der Behandlung begann es, richtig zu schlafen und zu essen, und so konnte es wachsen. Das Loch im Herz schloss sich, und es schrie nie mehr, wenn es zu mir zur Behandlung kam – stattdessen lächelte es immer. Es liebte die Sitzungen und wusste, wenn es mich sah, was passieren würde.

Das schwer kranke kleine Mädchen machte eine erstaunliche Genesung durch. Es hatte keine Ahnung, was vor sich ging, und daher blockierte es auch nicht meine Energie, indem es Urteile fällte, Analysen anstellte oder sich Sorgen machte – es wusste nur, dass es sich gut anfühlte, wenn ich es behandelte.

Den neutralen Geist kultivieren – eine Herausforderung

Wie Sie bei allem, was Sie tun können, um Ihre NEUTRALITÄT zu kultivieren, erkennen können, hört es sich zwar in der Theorie *einfach* an, aber es ist nicht zwangsläufig *leicht*. Sie müssen Ihren Körper respektieren, sich Zeit für sich selbst nehmen – und sich selbst einbringen.

Vielleicht sagen Sie sich beispielsweise: »Ich möchte an einem Marathonlauf teilnehmen.« Und in der Theorie ist es einfach, an einem Marathonlauf teilzunehmen. Sie müssen nur jeden Tag trainieren und trainieren und immer ein bisschen weiterlaufen. Sie müssen sich gut ernähren und sich Pausen gönnen. Die Antwort ist also *einfach* – aber in der Praxis ist es nicht *leicht*, denn es erfordert von Ihnen, tagtäglich etwas zu tun.

Wenn Sie wirklich Ihre NEUTRALITÄT in Ihrem Leben nutzen wollen, müssen Sie sich darum bemühen, sich in- und auswendig zu kennen. Das ist eine ganz natürliche Seinsweise, der jedoch nur wenige Menschen nachgehen. Es wird Ihnen nicht helfen, nach einer schnellen Lösung Ausschau zu halten, um die Dinge, mit denen Sie nicht glücklich sind, in Ordnung zu bringen, oder sich an jemanden in der Hoffnung zu wenden, er würde Ihnen sagen, was Sie zu tun haben. Niemand kennt Sie besser als Sie selbst, und darum *sind Sie* am besten dazu geeignet, die Entscheidungen in *Ihrem* Leben zu treffen.

4

Eine Energie, ein Geist

In diesem Kapitel werde ich näher auf die energetische Kommunikation eingehen, die auf der Ebene der Fernkräfte stattfindet – und einer der mächtigsten energetischen Einflüsse auf dieser Ebene ist der Einfluss der Massenenergie.

Wie bereits erwähnt, erhalten wir jede Menge Informationen, wenn wir heranwachsen und das Leben kennenlernen. Und mit diesen Informationen fangen wir an, unsere Welt zu erschaffen – unsere Gedanken, Meinungen, Glaubenssätze und Erfahrungen. Diese formen uns zu den Personen, die wir werden. Unsere Gedanken, Meinungen und so weiter nehmen wir auch auf energetischer Ebene wahr, und sie sind es, die uns von unserer NEUTRALITÄT entfernen.

Die Glückszahl 13

Ein einfaches Beispiel dafür ist der Glaube in vielen westlichen Ländern im Hinblick auf die Zahl 13 und Freitag, den 13. Warum glauben wir, dass uns diese Zahl Unglück bringt? Nun, weil uns gesagt wurde, sie würde Unglück bringen. Dann werden Geschichten über Unglück im Zusammenhang mit der Zahl 13 oder Freitag, dem 13., weitergegeben. Die Medien konzentrieren sich darauf und bekräftigen diese Vorstellung. Die Folge davon ist, dass wir uns diese Idee einverleiben und uns davon beeinflussen lassen und mehr Unfälle am Freitag, dem 13., passieren als an anderen Tagen.

Dagegen ist in einigen Kulturen die 13 eine Glückszahl. So steht diese Zahl etwa in der Sikh-Kultur und in Italien für

Glück. Das Gleiche trifft auf meine Heimat zu, und die 13 ist für mich immer eine Glückszahl gewesen. Es war die Nummer meiner Schule, die ich liebte. Als ich mein Land verließ, um auf die Kanarischen Inseln zu ziehen, und später, als ich von dort nach Großbritannien zog, brach ich immer am 13. des Monats auf. Beide Male stellten sich als die richtigen Entscheidungen für mich heraus. Wäre ich abergläubisch gewesen, wäre es vielleicht nie zu diesen Umzügen gekommen.

Wir alle können wählen, ob wir uns von gebräuchlichen Annahmen oder abergläubischen Vorstellungen beeinflussen lassen wollen oder nicht. In diesem Fall zum Beispiel können wir die 13 als eine »gute« Zahl betrachten, als eine »schlechte« Zahl – oder einfach als eine Zahl, die weder positiv noch negativ ist.

Sie erleben solche Suggestionen die ganze Zeit über sowohl auf bewusster als auch auf energetischer Ebene. Daher kennen Sie bereits die Wirkung, die die Massenenergie auf Sie ausüben kann. Sie kann überaus stark sein, und vielleicht sind Sie sich gar nicht im Klaren darüber, was da vor sich geht. Aber es ist wichtig, dass Sie diese Kräfte identifizieren, um sich entscheiden zu können, ob Sie sich auf sie einlassen wollen oder nicht – und um zu lernen, wie Sie die negativen in positive verwandeln können, damit sie zu Ihren Gunsten wirken.

Einer der stärksten Einflüsse von Massenenergie, mit dem Sie vertraut sein dürften, ist der Einfluss der Medien.

Der Einfluss der Medien

Die folgenden drei wohlbekannten Vorfälle zeigen, wie die Medien uns auf verschiedene Weise beeinflussen können.

Im Jahre 2006 erlitt der britische Fernsehmoderator Richard Hammond während Dreharbeiten einen schrecklichen Autounfall, bei dem er fast starb. Ganz Großbritannien war schockiert. Weil

Hammond derart beliebt war, wünschte sich das ganze Land, dass er wieder gesund würde. Auch die Medienberichterstattung war positiv gestimmt, und die von ihr erzeugte Energie riss die Leute mit, Hammond zu ermuntern, von dem Unfall zu genesen. Es war, als ob jeder an seiner Seite stünde und ihm half, wieder auf die Beine zu kommen.

● ● ●

Gegenüber Richard Hammond, für den positive heilende Energie erzeugt wurde, sah es bei dem Reality-TV-Star Jade Goody ganz anders aus. 2008 wurde bei ihr Gebärmutterhalskrebs diagnostiziert. Direkt von Anfang an umgab die ganze Angelegenheit eine Energie des Todes, die noch stärker wurde, als die Medien Jade bis zu ihrem Ende begleiteten. Die Öffentlichkeit wurde von dieser Stimmung angesteckt. Das half Jade natürlich nicht, um gesund zu werden, denn die Leute litten mit ihr, statt ihr zu helfen. Und alle, die ihre Geschichte mitverfolgten, gingen davon aus, dass sie sterben würde.

Mir war klar, dass die Medienkampagne eine falsche Richtung einschlug, die sie zum Teil selbst verursacht hatte, und ich schrieb ihrer PR-Firma eine E-Mail mit dem Angebot, zu versuchen, ihr zu helfen, aber ich bekam nie eine Antwort. Es hatte den Anschein, als hätte sie sich selbst aufgegeben, weil die Medien eine Story voller Bedauern und Mitleid verbreiteten. Ich glaube, dass sie zu schnell dahinschied.

● ● ●

Ein weiteres Beispiel für den Einfluss der Medien und der Massenenergie ist die Berichterstattung über den Tod von Prinzessin Diana. Selbst Menschen aus anderen Ländern, die weder von ihr noch von der britischen Königsfamilie etwas wussten, wurden von der Welle der Trauer, die diese Nachricht weltweit auslöste, erfasst.

Menschen wurden auf energetischer Ebene berührt, und viele sprachen von einem »Gefühl« oder einer »Energie«, die von ihnen Besitz zu ergreifen schien. Selbst diejenigen, die bewusst davon nicht aus dem Gleichgewicht gebracht werden wollten, wurden von dieser Energie hineingezogen. Das Ganze glich einer Flutwelle, hervorgebracht von den Massenmedien, die alle mit sich riss.

Aufgrund all der Darstellungen, Bilddokumente und endlosen Zeitungsartikel über sie war Dianas Energie jahrelang sehr stark gewesen. Sie wurde von vielen geliebt und hatte lange Zeit einen festen Platz im öffentlichen Bewusstsein und im Leben der Menschen, selbst derjenigen, die ihr nie begegnet waren, denn die Medien verfolgten sie auf Schritt und Tritt. Als sie starb, war der Verlust, den die Menschen empfanden, auf die energetische Leere zurückzuführen – ein Sog der großen Trauer und Betrübnis. Daraus ging etwas hervor, was sich niemand hätte vorstellen können. Noch heute, nach so vielen Jahren, können sich die meisten Leute noch immer sehr gut daran erinnern, und zwar nicht nur an das Ereignis und die Berichterstattung darüber, sondern auch an die Wirkung, die das Ganze auf sie hatte. Dies veranschaulicht den Einfluss der Medien am eindringlichsten.

Wann immer Menschen derselben Berichterstattung über Weltereignisse ausgesetzt sind, haben die Medien mit ihnen ein leichteres Spiel, sie zu beeinflussen. Statt das Denken von vielen Hunderttausend Einzelpersonen ändern zu müssen, brauchen die Medien, wenn große Menschengruppen auf energetischer Ebene zusammenkommen, nur auf einen »Geist« einzuwirken. Das ist so ähnlich wie bei einem Schwarm Fische, der zusammen schwimmt, oder bei einem Rudel von Tieren, das Jagd macht.

Wie Sie sich schützen können

Massenenergie kann sowohl positiv als auch negativ sein, und weil man von dieser Art der Massenkraft so leicht mitgerissen werden kann, ist es wichtig, dass Sie erkennen, was um Sie herum passiert.

Seien Sie ein Beobachter

Der Schlüsselfaktor dabei, eine *Wahl* zu haben bezüglich der Energie, die Sie EMPFANGEN und SENDEN, ist Ihre Fähigkeit, das Geschehen in Ihrer Umgebung zu beobachten. Wenn Sie emotional unbeteiligt sind, können Sie das große Ganze erkennen: Es ist so, als würden Sie aus der Vogelperspektive auf das Geschehen herunterblicken. Ihre Fähigkeit, Abstand zu nehmen, zu beobachten und eine Wahl zu treffen, ist ausschlaggebend, denn dann fallen Ihre Entscheidungen besser aus.

Wenn Sie nicht wissen, wie man die Energie erkennt, die benutzt wird, um Sie zu beeinflussen und möglicherweise zu manipulieren, oder wie man sich davor schützt, können Sie sich in einer Energie verfangen, die nicht gut für Sie ist. Sie können von allen anderen und von deren Gedanken mitgerissen werden, und dann ist es weniger wahrscheinlich, dass Sie imstande sind, zu einer Entscheidung zu kommen.

Die folgenden Beispiele zeigen besonders eindringlich diese Massenenergie in Aktion:

Die große Kälte

Wenn wir von dramatischen Wetteränderungen betroffen werden, sollten wir sie positiv sehen. Als Großbritannien Anfang 2010 von Schneefällen überrascht wurde, hatten wir alle die Wahl, wie wir darauf reagieren. Da der Schnee bereits da war und wir ihn nicht zum Verschwinden bringen konnten, mussten wir uns entscheiden, welche Art Erfahrung wir machen und mit welcher Energie wir uns verbinden wollten.

Es hatte keinen Sinn, über das Wetter zu jammern, und darum konnten wir uns einfach entscheiden, das Beste daraus zu machen. Das taten viele Leute auch und gingen nach draußen, um wie kleine Kinder zu spielen – im Park Schlitten fahren, Schneemänner bauen, die wunderschöne Landschaft fotografieren und durch frisch gefallenen Schnee stapfen. Diejenigen, die rausgingen und spielten, waren alle wirklich glücklich und haben den Schnee wahrscheinlich in guter Erinnerung behalten. Es musste keine negative Erfahrung sein – es konnte Spaß machen!

Halten Sie die Schweinegrippe auf Abstand

Jedes Jahr besteht die reale Gefahr, an Grippe zu erkranken. Es ist also durchaus eine ernst zu nehmende Angelegenheit. Das bedeutet allerdings nicht, dass Sie sich in die größte Angst hineinsteigern sollten. Sie können sich der Situation bewusst sein und sich dafür entscheiden, sich nicht als krank zu sehen. Stattdessen können Sie sich als gesund vorstellen. Dadurch halten Sie Ihr Immunsystem stark. Sie sollten auch aufhören, nach irgendwelchen Symptomen Ausschau zu halten, mit denen die Medien Sie bombardieren. Sie müssen diese negativen Botschaften von sich weisen und sich sagen, dass es Ihnen und den Ihnen Nahestehenden gut gehen wird. Wenn Sie Ihre Aufmerksamkeit auf Ihre Gesundheit richten, werden Sie auch gesund sein.

Die Kreditkrise

Während meiner Arbeit an diesem Buch war die Kreditkrise in aller Munde. Zweifellos ist das zurzeit ein sehr reales Phänomen weltweit, und wir können daran nichts ändern. Das Einzige, was wir tun können, ist, zu entscheiden, wie wir sie durchstehen wollen. Zuerst sollten Sie Folgendes tun:

- Entscheiden Sie sich, nicht dazuzugehören.
- Sehen Sie sich selbst, wie Sie sich über Wasser halten und überleben, statt mit demselben Schiff wie alle anderen unterzugehen.
- Füllen Sie den leeren Raum mit Kreativität, was sich als Ihr Vorteil herausstellen könnte.

Denken Sie am besten darüber nach, was Sie zur Verbesserung Ihres Lebens unternehmen können. Das kann vielleicht bedeuten, den Job zu wechseln, umzuschulen, Ihr Geschäft auf eine andere Weise zu betreiben oder bei der Arbeitssuche kreativ zu werden. Es scheint vielleicht nicht das Nächstliegende zu sein, aber Sie können diese Zeit auch als eine faszinierende Herausforderung betrachten – und sogar als Chance für einen neuen Anfang. Vielleicht können Sie jetzt etwas tun, was Sie sich schon immer gewünscht haben.

Achten Sie darauf, sich selbst wohlhabend und erfolgreich bei dem zu sehen, was immer Sie wählen.

In Zeiten von Herausforderungen müssen Sie Ihren Überlebensinstinkt einsetzen, um durchzuhalten. Dieser Überlebenstrieb versetzt Sie in einen Zustand der NEUTRALITÄT, und dann findet Ihr Geist auf natürliche Weise die beste Möglichkeit, um das Problem zu lösen. Wenn Sie glauben, dass Sie die Lage immer meistern werden, wird das auch so sein. Sie müssen lediglich den Raum in Ihnen finden, das zu glauben.

Die positive Seite der Massenenergie

Massenenergie kann auch eine sehr *positive Kraft* sein. Sportereignisse wie die Olympischen Spiele oder die Fußballweltmeisterschaften verhelfen einem Land zu einem Erfolgserlebnis und erzeugen eine geballte Ladung Lebensfreude.

Während der Winterolympiade 1984 war ich in Sarajevo, sodass ich mit eigenen Augen erlebte, wie erstaunlich und erregend diese Art von Energie in größerem Rahmen sein kann. Ich erinnere mich, dass jeder freundlich und großzügig war, sowohl gegenüber den eigenen Landsleuten als auch gegenüber ausländischen Gästen, was manchmal so weit ging, dass Taxifahrer nichts berechneten.

Jetzt bin ich wirklich gespannt auf die Olympischen Spiele 2012 in London. Ich bin mir sicher, das ganze Land wird während der Spiele einen energetischen Auftrieb erhalten. Es wird eine erstaunliche Zeit sein. Als dieses Ereignis am 6. Juli 2005 bekannt gegeben wurde, herrschte in London eine unglaubliche Begeisterung, und diese Begeisterung wird die nächsten paar Jahre anhalten. Das ganze Land wird anfangen stolz zu sein, und die Energie um dieses Ereignis wird wirklich positiv und stark sein. Jeder wird sich fühlen, als würde er sein Land auf seine eigene Weise repräsentieren, und die Liveübertragungen im Fernsehen werden für uns alle besonders beeindruckend sein. Es ist etwas, dem wir wirklich freudig entgegensehen sollten.

Andere Beispiele für die Begeisterung im Zusammenhang mit positiver »Massenmentalität« kann man bei Musikkonzerten und anderen Live-Unterhaltungsevents finden. Die Energie kann sich fast wie eine Droge anfühlen, hat sie doch die Fähigkeit, Sie beschwingt und abgehoben fühlen zu lassen. Sie müssen nicht einmal selbst dabei sein: Solche Events als Liveübertragung zu sehen kann genauso kraftvoll sein. Wenn Sie sich ein Sportereignis mit vielen gleichgesinnten Fans in einer Kneipe oder die Liveübertragung einer Wohltätigkeitsveranstaltung zu

Hause anschauen, können Sie erleben, wie die positive Kraft der Energie für ein gutes Resultat genutzt werden kann.

Es ist wirklich wichtig, dabei zu sein. Wenn Sie solche Events aufnehmen und sich später anschauen, werden Sie eine ganz andere Erfahrung machen, da Sie nicht von der Energie des Augenblicks angesteckt werden.

Abgesehen von großen landesweiten oder weltweiten Events finden jeden Tag herrliche Ereignisse in kleinerem Rahmen statt, die Sie auch genießen können. Wenn beispielsweise die Sonne scheint und alle Richtung Park unterwegs sind, um dort Picknicks zu machen, zu spielen, Spaß zu haben und ein Sonnenbad zu nehmen, können Sie an der Energie der Entspannung und der Fröhlichkeit teilhaben. Auch wenn Sie Zeit mit lieben Freunden und Familienmitgliedern verbringen, werden Sie sich an dem positiven Netzwerk der Energie laben können. Abgesehen davon stellen Sie vielleicht fest, dass Sie sich zu Gruppen von Menschen hingezogen fühlen, die die gleichen Interessen wie Sie hegen, wie etwa Sport-, Hobby- oder Fanklubs. Wenn Sie Erfahrungen mit anderen teilen, die sich an den gleichen Dingen wie Sie erfreuen und die gleiche Leidenschaften teilen, dann verbindet Sie eine Frequenz miteinander, die sich sehr kraftvoll und motivierend anfühlen kann. Und diese Frequenz ist ansteckend.

Sie haben immer die Wahl

Sie können immer negative Energie in positive verwandeln. Sie müssen einfach die Entscheidung treffen, sich von den negativen Dingen frei zu machen und sich auf die positiven zu konzentrieren. Beispielsweise finden viele Leute, dass es für uns zu spät ist, um irgendeine Art von positivem Einfluss auf den Umweltzustand auszuüben, davon überzeugt, dass jegliche Veränderung, die wir vornehmen würden, zu belanglos oder zu spät ist. Wenn sich die negative Energie der Selbstgefälligkeit ausbreitet, führt das dazu, dass immer mehr Menschen aufgeben. Aber ich glaube, dass wir doch etwas bewirken können, nicht nur als Einzelne, sondern – und zwar auf noch eindrucksvollere Weise – dadurch, dass wir auf energetischer Ebene zusammenkommen, um eine Massenenergie des Glücks und der positiven Einstellung zu erzeugen.

Bei Spendenmarathons beispielsweise gelingt es, eine besondere Energie zu erschaffen, nicht nur eine Energie des Verständnisses, sondern auch eine der Dankbarkeit bei denjenigen von uns, die nicht in Not leben, sowie der Gewissheit, dass wir etwas bewirken können. Die dadurch erzeugte Massenenergie veranlasst uns alle dazu, als Gruppe von Menschen etwas Positives unternehmen zu wollen. Stellen Sie sich einmal vor, wozu wir imstande wären, wenn wir die Welt dazu bringen könnten zu glauben, dass jede Geste *wirklich* etwas bewirkt.

5

Energetische Erweiterungen

Vielleicht glauben Sie, dass Ihre Energie einfach nur in Ihrem Körper und Geist ist, aber sie erstreckt sich auch auf Gegenstände, die Sie tagtäglich benutzen, und Gegenstände, an denen Sie hängen. So sind etwa Ihr Tagebuch, Ihr Portemonnaie, Ihr Schmuck, Ihre Kleidung, Ihre Brille, Ihre Taschen, Fotos und alles, was Ihre Handschrift trägt, Beispiele für Gegenstände, die Erweiterungen Ihrer energetischen Frequenz sind. Ich vermag Menschen dadurch zu heilen, egal wo sie sich gerade aufhalten, dass ich ihr Foto habe, und der Grund dafür ist, dass sich ihre Energie auf die Fotos erstreckt.

Sogar Ihr Auto ist eine Erweiterung Ihres Körpers und Ihrer Frequenz. Wenn Ihnen also jemand zu dicht auffährt, können Sie sich bedroht fühlen. Vielleicht wird Ihnen ganz mulmig, weil der andere eben Ihre Energie stört. Ähnlich verhält es sich, wenn jemand in Ihr Haus einbricht, denn im Grunde dringt er in Ihre Energie ein. Da überrascht es nicht, dass Sie sich übel fühlen oder entsetzt sind: Es ist so, als wäre Ihr ganzes System verletzt worden – was ja auch der Fall ist. Ein solches Ereignis hat Auswirkungen auf Ihre ganze Energie.

Vielen Menschen fällt der Einfluss ihrer erweiterten Energie auf, wenn sie umziehen. Wenn Sie Ihre Sachen aus Ihrer bisherigen Bleibe wegschaffen, wird Ihr Gefühl der Verbundenheit nachlassen, bis alles leer geräumt ist und Sie sich vollkommen losgelöst von ihr fühlen. Wenn dieser Platz nicht mehr Ihr Zuhause ist, ist er auch nicht länger eine Erweiterung von Ihnen. Bringen Sie nun Ihre Sachen in Ihre neue Wohnstätte, fängt diese an, sich wie »Sie« anzufühlen. Sie fühlen sich dort wohler und heimischer, sowie es zu einer Erweiterung Ihrer Energie wird. Auch Ihre Familie und Freunde werden, wenn sie zu Besuch kommen, Ihre Energie in dem neuen Haus wahrnehmen. Sie werden an jedem Platz, den Sie bewohnen, dieselbe Energie erzeugen, weil er ungeachtet des Standortes, der Größe oder der Einrichtung immer eine Erweiterung von Ihnen darstellt.

Das kann auch für andere Plätze gelten, nicht nur für unser Zuhause. Meine Praxis beispielsweise ist eine Erweiterung meiner Energie, weil ich dort so viel Zeit verbringe und Menschen heile, und dadurch werden alle Räumlichkeiten energetisiert. Manche Patienten sagen sogar, dass sie sich schon besser fühlen, wenn sie im Wartezimmer sitzen! Aber wenn ich meine Praxis aufgeben und alle meine Sachen mitnehmen würde, dann würde auch meine Energie mit mir verschwinden, und die Räume würden sich wieder anders anfühlen.

Suchet, so werdet ihr finden

Auf diese Weise erweitern Sie Ihre Energie auf Ihre Habe, ohne sich dessen überhaupt bewusst zu sein. Etwas anderes ist Ihnen vielleicht auch nicht klar. Wenn Sie nämlich etwas verlieren, können Sie trotzdem weiterhin mit diesem Gegenstand verbunden sein. Aus diesem Grund sollten Sie nie Ihre Verbindung mit ihm AUFLÖSEN. Wenn Sie Ihre Verbindung mit etwas AUFLÖSEN, gehört es Ihnen nicht mehr, und dann verringert sich die Wahrscheinlichkeit, dass dieser Gegenstand zu Ihnen zurückkommt. Statt also in Panik zu geraten und verärgert zu sein, besteht die Lösung darin, sich zu entspannen und Ruhe zu bewahren, wohl wissend, dass der Gegenstand, was immer es auch sein mag, den Weg zu Ihnen zurückfindet.

Als ich mit der Arbeit an diesem Buch begann und mit Patienten über dieses Thema sprach, stellte ich fest, dass viele von ihnen eigene Erfahrungen beizusteuern hatten. Viele Leute haben ihre Sachen oft durch Zufall, so kam es ihnen jedenfalls vor, zurückbekommen, und im Folgenden werde ich einige dieser Geschichten mit Ihnen teilen.

Die Frau, von der im Folgenden die Rede ist, hatte zwei Erlebnisse an aufeinanderfolgenden Tagen, die zeigen, dass sie imstande war, mit ihren Sachen verbunden zu bleiben:

Ich war auf dem Weg zu meinem Termin bei Seka, als ich einen Anruf von meiner Tochter erhielt, die sehr aufgebracht klang. In der Nacht war in ihrem Auto eingebrochen und fast alles darin gestohlen worden, unter anderem ein Paar Schuhe, die sie für meine Enkelin gekauft hatte – genau genommen ihr erstes Paar Schuhe. Meine Tochter scherte sich nicht um die anderen Sachen, sie war nur wegen der Schuhe ihres Babys aufgebracht. Ich teilte ihre Verärgerung, und wir beide konnten gar nicht aufhören, daran zu denken. Diese Schuhe waren das Einzige, von dem wir beide wollten, dass sie diese auch zurückbekam.

Am nächsten Tag rief meine Tochter mich wieder an, und diesmal war sie überglücklich. Jemand war zu ihrer Tür gekommen – mit vielen Dingen, die er überall auf der Straße verstreut gefunden hatte. Die Typen, die ihr Auto aufgebrochen hatten, hatten alles, was sie nicht gebrauchen konnten, irgendwo liegen gelassen – auch die neuen Schuhe meiner Enkelin! Sie gehörten zu den wenigen Sachen, die meine Tochter zurückbekam. Aber es kümmerte sie nicht, waren die Schuhe doch das Einzige gewesen, was sie wirklich wiederhaben wollte.

Weil die Frau und ihre Tochter unbewusst mit den Schuhen verbunden geblieben sind und diese unbedingt zurückhaben wollten, kamen sie auch zu ihnen zurück. Beide waren sich dieses Zusammenhangs nicht bewusst gewesen.

Am darauffolgenden Tag hatte dieselbe Frau ein ähnliches Erlebnis:

> *Ich war auf dem Weg zu Seka und als ich mich in der Bahn hinsetzte, fiel mir auf, dass ich mein Portemonnaie nicht mehr hatte. Darin waren mein ganzes Geld, Kreditkarten und dergleichen sowie meine Hin- und Rückfahrkarte gewesen. In diesem Augenblick sagte ich mir: »Ich kann es nicht verloren haben. Es ist einfach nicht möglich, weil ich ohne mein Portemonnaie nicht sein kann.« Ich wollte einfach nicht glauben, dass es verschwunden war. Ich wusste, ich musste es zurückbekommen.*
>
> *Etwa zehn Minuten später kam ein Mann auf mich zu. Er hatte mein Portemonnaie und meine Fahrkarte. Aufgrund der Platznummer auf meinem Ticket hatte er mich gefunden. Ich war so froh, dass ich alles wiederhatte.*

Hier wird deutlich, dass die Frau in dem Augenblick, als sie sagte: »Ich kann es nicht verloren haben«, die Erweiterung ihrer Energie aufrechterhielt, und daher fand ihr Portemonnaie problemlos den Weg zu ihr zurück.

Die folgende Geschichte handelt von mir, und dieses Erlebnis zeigt, wie wirkungsvoll Lachen sein kann – als eine Möglichkeit, seine Verbindung mit seinen Habseligkeiten beizubehalten.

> *Ich war mit meiner besten Freundin im Urlaub, und wir verbrachten eine herrliche Zeit. Die ganze Zeit über hatten wir Spaß und lachten viel. Auch auf unserem Weg zum Flughafen hörten wir nicht auf zu kichern. Doch als wir aus dem Bus stiegen, fiel mir auf, dass meine Tasche nicht mehr da war. Ich musste sie auf dem Bürgersteig stehen gelassen haben. Weil wir in einer derart überspannten Stimmung waren, brachen wir in Gelächter aus und dachten nicht einmal daran, dass ich sie verloren haben könnte.*
>
> *Kurz darauf klingelte mein Handy. Ein Freund hatte meine Tasche auf dem Bürgersteig gefunden. Interessant war, dass wir mit genau diesem Freund am Abend zuvor ausgegangen waren und er mir Komplimente wegen meiner Tasche gemacht hatte. Zufälligerweise war er an der Bushaltestelle vorbeigekommen, hatte*

die Tasche gesehen und sie daher sofort wiedererkannt. Da er wusste, dass wir am Flughafen waren, war er sofort in ein Taxi gesprungen und hatte uns die Tasche gebracht.
Indem wir gelacht und die Geschichte von der lustigen Seite gesehen hatten, hatten meine Freundin und ich unsere gute Laune nicht verloren. Wir hatten einfach nicht verstehen können, dass die Tasche verschwunden war, und daher hatten wir unsere Verbindung zu ihr nicht AUFGELÖST. Wir hatten einfach nichts analysiert. Meine Tasche war weiterhin eine Erweiterung von mir, und so war es von all den Leuten, die an jenem Tag auf der Insel unterwegs waren, mein Freund gewesen, der zu der Erweiterung meiner Energie hingezogen wurde.

Lachen ist wirklich eine gute Methode, in einem NEUTRALEN Zustand zu bleiben, wenn etwas schiefgeht und/oder Sie etwas verlieren. Natürlich sollten Sie trotzdem etwas unternehmen, um das Gesuchte wiederzuerlangen. Aber indem Sie die Erweiterung Ihrer Energie beibehalten, werden Sie wahrscheinlich einen freundlichen und hilfsbereiten Menschen anziehen – und Ihre Sachen werden zu Ihnen zurückkommen.

Sie haben es selbst in der Hand

Wahrscheinlich werden Sie bemerken, dass Sie viel Kontrolle darüber haben, ob Sie Dinge, die Sie verloren haben oder die Ihnen gestohlen wurden, wiederfinden oder nicht. Entscheidend dabei ist, dass Sie sich des Augenblicks *bewusst* werden, in dem Sie in einem NEUTRALEN Zustand sind und wie Sie sich dabei fühlen. Das ist sehr wichtig, denn dann können Sie sich beim nächsten Mal, wenn Sie etwas verlieren, dafür entscheiden, sich wieder in diesen Zustand zu versetzen. Je stärker Sie sich dieses Zustandes bewusst werden, umso besser werden Sie sich darauf programmieren können, ihn wiederzuerlangen.

Die folgende Geschichte handelt von einem Mann, der, ohne es zu wissen, genau das Richtige tat.

Eines Abends war ich in einem Restaurant und gab meine Aktentasche wie immer an der Garderobe ab. Als ich sie nach dem Essen wieder abholen wollte, war sie nicht mehr da. Sie war gestohlen worden.

Das ganze Erlebnis brachte mich ziemlich aus der Fassung, aber am meisten ärgerte ich mich über den Verlust meines Terminkalenders. Ich dachte mir: »Ich kann meinen Terminkalender nicht verloren haben. Da ist alles drin, was ich brauche: Kontakte, Termine, Arbeitsnotizen, Ideen – kostbare Informationen, die ich über Monate gesammelt habe.« Im Unterbewusstsein war mir klar, dass ich ihn zurückbekommen musste.

Am nächsten Tag klopfte es an meiner Tür. Es war ein Taxifahrer, der meinen Terminkalender auf einer Brücke gefunden hatte. Sonst war da nichts gewesen, nur der Terminkalender. Ich konnte mein Glück gar nicht fassen.

In dieser Geschichte wechselte der Mann in dem Augenblick in die NEUTRALITÄT, als er sich sagte: »Ich kann meinen Terminkalender nicht verloren haben.« Er akzeptierte diesen Verlust einfach nicht. Im Unterbewusstsein ließ er den Terminkalender nicht los, auch wenn er eigentlich nicht damit rechnete, ihn zurückzuerhalten. Er LÖSTE seine Frequenz zu dem Kalender nicht AUF. Er wusste also mehr, als dass er sich darüber klar wurde, wie er ihn zurückbekommen konnte.

Als dieser Mann mir seine Geschichte erzählte, meinte er, sie erinnere ihn an einen Bibelvers:

»Bittet, so wird euch gegeben; suchet, so werdet ihr finden; klopfet an, so wird euch aufgetan. Denn wer da bittet, der empfängt; und wer da sucht, der findet; und wer da anklopft, dem wird aufgetan« (Matthäus 7,7–8).

Egal ob Sie an die Bibel glauben oder nicht, diese Verse fassen wirklich akkurat den Prozess zusammen, den Sie durchlaufen müssen, um den Augenblick zu erkennen, in dem Sie sich in der NEUTRALITÄT befinden, sodass Sie das Verlorengegangene zurückbekommen. Wenn Sie im richtigen Geisteszustand sind, kann alles geschehen – und manchmal in einer überraschenden Weise. Ständig kommen Dinge zu Menschen zurück – was auch Sie einschließt. Sie wissen also mehr, als Sie denken, denn wahrscheinlich sind Sie sich nicht bewusst, was Sie tun. Im Unterbewusstsein BEENDEN Sie die Erweiterung Ihrer Energie nicht, weil Sie wissen, dass Sie Ihnen wichtige Dinge nicht verlieren können.

Sind Sie jemand, der verliert oder der findet?

In den bisherigen Beispielen in diesem Kapitel haben Sie gesehen, dass es zwar wichtig ist, dass die Person, die einen Gegenstand verliert, mit ihm verbunden bleibt und diese energetische Verbindung nicht AUFLÖST, aber genauso bedeutsam ist die Rolle der Person, die ihn findet. »Finder« sind Leute, die dazu neigen, auf Gegenstände, die am falschen Platz liegen, zu stoßen, und die es als ihre selbstverständliche Pflicht sehen, solche mitzunehmen, die noch »lebendig« und mit der Energie ihres Besitzers verbunden sind.

Wie bei dem Freund, der meine Tasche fand, als ich im Urlaub war, fühlen sich Finder oft zu der energetischen Frequenz eines Gegenstandes hingezogen, weil sie ihnen vertraut ist. Das kann daran liegen, dass sie den Besitzer kennen oder mit ihm verwandt sind, oder daran, dass sie sich auf irgendeine Weise mit der Energie des Besitzers verbunden fühlen.

Eines Abends war ich mit einem Freund auf ein paar Drinks unterwegs. Wir gingen in vier oder fünf verschiedene Bars und verbrachten einen tollen Abend. Normalerweise trage ich eine Brille, aber als wir die letzte Bar des Abends aufsuchten, beschlugen die Gläser, da es so heiß war, und ich musste die Brille abnehmen. Ich steckte sie in die Obertasche meines Hemdes, denn dort, so dachte ich mir, war sie gut aufgehoben.

Als wir aufbrachen, versuchten wir eine Ewigkeit, ein Taxi zu finden, und gingen schließlich über einen Kilometer zu Fuß. Als wir endlich eines bekamen, fiel mir auf einmal auf, dass meine Brille, die ich gewöhnlich jeden Tag trage, verschwunden war. Ich dachte mir: »Ohne meine Brille kann ich nichts tun. Ich muss sie zurückbekommen.« Ich geriet in Panik, aber wir waren schon zu weit von der Bar entfernt, um zurückzugehen.

Am nächsten Morgen besuchte ich meine Schwester. Wir unterhielten uns, und ich erzählte ihr, dass ich wirklich sauer darüber war, meine Brille verloren zu haben. Zuerst sah sie mich ganz komisch an, und dann wurde sie richtig aufgeregt. Sie sagte mir, sie habe eine Brille gefunden, als sie am Abend zuvor in der Stadt gewesen sei, und einfach gewusst, dass sie sie aufheben sollte. Sie hatte sie daher mit nach Hause genommen. Sobald sie mir das erzählte, wussten wir beide, dass es sich nur um meine Brille handeln konnte. Ich war so glücklich, dass sie sie mitgenommen hatte und ich wieder richtig sehen konnte.

Diese Geschwister hatten eine ähnliche Frequenz gemeinsam, weil sie aus derselben Familie stammten, und daher erkannte die Schwester die Erweiterung der Energie ihres Bruders wieder, bevor es irgendjemand anderes tat. Sie wusste nicht, was sie tat oder warum sie sich veranlasst fühlte, die Brille aufzuheben und mitzunehmen, aber es war seine Energie, die sie anzog. Er hatte die Erweiterung seiner Energie nicht AUFGELÖST, weil er wusste, dass er dringend auf die Brille angewiesen war.

Die zwischen Familienmitgliedern geteilte Energie ist immer vorhanden, und folglich werden Sie sich immer schneller mit jemandem aus Ihrer Familie verbinden als mit anderen Leuten. Beim folgenden Beispiel geht es um eine persönliche Erfahrung, die ebenfalls diese Familienverbindung verdeutlicht:

Eines Abends kam mein Sohn ganz verärgert nach Hause und erzählte mir: »*Ich habe mein Handy verloren, aber ich habe alles darauf gespeichert – ich kann es nicht verloren haben.*«
Ich schlug ihm vor, seine Nummer anzurufen, um zu sehen, ob jemand antworten würde. Eine Frau meldete sich und sagte, sie habe sein Handy in einer U-Bahn-Station in der Londoner Innenstadt gefunden. Sie war gerade dabei gewesen, seine Privatnummer herauszufinden, um ihn anzurufen.
Ich reichte meinem Sohn das Telefon, damit er mit ihr reden konnte. Er fragte sie nach ihrer Adresse – und zufälligerweise wohnte sie in derselben Straße wie wir. Durch das, was eine seltsame Kette von Koinzidenzen zu sein schien, gelang es meinem Sohn, sein Handy innerhalb von Stunden, nachdem er es verloren hatte, zurückzubekommen.

Mein Sohn LÖSTE seine energetische Verbindung mit seinem Handy nicht AUF, es war also immer noch eine Erweiterung seiner Energie. Indem ich Energie mit ihm teilte, konnte ich ebenfalls mit dem Handy verbunden bleiben, was die Verbindung noch verstärkte. Wahrscheinlich waren viele Finder an dem Handy vorbeigekommen, aber diese Dame teilte eine Energie mit ihm, weil sie in unserer Straße wohnte. Leute können aus allen möglichen Gründen Energie miteinander teilen, wie Sie der nächsten Geschichte entnehmen können.

Kurz nachdem ich mein Studium begonnen hatte, verlor ich meine Handtasche. Unter normalen Umständen wäre ich wirklich genervt gewesen, weil ich mich in einer großen fremden Stadt befand und in meiner Handtasche viele wichtige Dinge waren, wie etwa die Schlüssel meines neuen Apartments, mein Studentenausweis und mein ganzes Geld. Aber es war wirklich eigenartig –

ich war überhaupt nicht genervt. Ich machte mir nicht einmal die Mühe, den Verlust zu melden oder beim Fundbüro vorbeizuschauen. So komisch es sich anhört, ich wusste einfach, dass alles in Ordnung kommen würde.

Als ich an diesem Abend nach Hause kam, lag meine Handtasche auf dem Küchentisch. Ein Mädchen aus meinem Studiengang hatte einen Umweg von 45 Minuten gemacht, um sie mir zu bringen. Ich war überrascht, denn sie war keine Freundin von mir. Ich wusste nur von ihr, dass sie von vielen Kommilitonen in meinem Studiengang gemobbt wurde und überhaupt keine Freunde hatte. Man schien nur auf ihr herumzuhacken, und sie wurde von allem ausgeschlossen. Mir war aufgefallen, dass in ihrem Blick immer diese Traurigkeit lag, und darum hatte ich mich immer bemüht, »Hallo« zu ihr zu sagen, egal was die anderen dachten. Ich war früher in der Schule ebenso von allem ausgeschlossen worden, daher wusste ich genau, wie ihr zumute war.

Wenn ich zurückblicke, glaube ich nicht, dass es Zufall war, dass dieses einsame Mädchen meine Handtasche fand und sie mir zurückbrachte. Ich war der einzige Mensch an der Universität, mit dem sie sich verbunden fühlte, weil ich nett zu ihr war.

Obwohl diese Mädchen nicht befreundet waren, waren sie energetisch miteinander verbunden. Sicher waren viele Leute an der Handtasche vorbeigegangen, aber weil die Besitzerin die Erweiterung ihrer Energie nicht AUFLÖSTE, zog sie jemand an, der ihre Frequenz wiedererkannte.

Wie Sie verlorene Gegenstände wiederfinden

Anders als Sie vielleicht glauben, besteht also die Methode, etwas Verlorengegangenes wiederzufinden, nicht darin, darüber nachzudenken, wo Sie es vielleicht hingelegt haben, oder gar Ihren Weg zurückzugehen. Der Schlüssel liegt darin, mit dem Gegenstand verbunden zu bleiben und zu verstehen, was Sie im Zustand der NEUTRALITÄT tun. Dadurch werden Sie imstande sein, das Gesuchte wiederzufinden, was immer es auch sein mag. Der Gegenstand ist weiterhin eine Erweiterung Ihrer Energie, und wenn Sie im NEUTRALEN Zustand sind, bleibt die Verbindung stark.

Alle Geschichten in diesem Kapitel können Ihnen helfen, sich an ähnliche Situationen zu erinnern, in denen Sie einen verlorenen Gegenstand wiedergefunden haben. Sie können dann an den Geisteszustand, in dem Sie sich befanden, zurückdenken. Vielleicht dachten Sie: »Ich kann es nicht verloren haben.« Oder: »Ich kann ohne diese Sache nicht sein.« Genau in diesem Augenblick bewegen Sie sich in die NEUTRALITÄT hinein, ohne dass Sie sich dessen bewusst sind.

Vielleicht möchten Sie es ja gern einmal spielerisch versuchen, im Zustand der NEUTRALITÄT etwas wiederzufinden, was Sie an einem kleinen, überschaubaren Ort verloren haben, beispielsweise zu Hause oder im Büro. Probieren Sie folgende Schritte aus:

- Entspannen Sie sich und bleiben Sie ruhig und gelassen.

- Analysieren Sie nicht, was Sie tun.

- Konzentrieren Sie sich auf die Tatsache, dass Sie den Gegenstand *brauchen* – was auch immer Sie verloren haben.

- Sagen Sie sich: »*Ich kann es nicht verloren haben. Ich brauche mein ... wirklich. Es zu verlieren, ist keine Option.*«

- Gehen Sie dorthin, wohin Ihr Körper Sie führt, und stellen Sie Ihren Instinkt nicht infrage.

- Schauen Sie sich um, bewegen und nehmen Sie Gegenstände in die Hand, die Sie sonst nicht unbedingt in die Hand nehmen würden.

Dadurch werden Sie imstande sein, das Gesuchte wiederzufinden. Vergessen Sie nicht, dass es nach wie vor eine Erweiterung Ihrer Energie ist, und wenn Sie sich in einem NEUTRALEN Zustand befinden, bleibt die Verbindung auch weiterhin stark.

Wie Sie sich wieder zurechtfinden

Auch wenn Sie sich irgendwo verirrt haben, können Sie sich die Kraft Ihres NEUTRALEN GEISTES zunutze machen, um sich wieder zurechtzufinden. Lesen Sie, wie ich dann vorgehe:

Es war das zweite Mal, dass ich meinen Anwalt im Norden Londons aufsuchte. Das erste Mal war ich mit dem Taxi gefahren, ich fuhr also zum ersten Mal selbst dorthin. Nach einer Weile glaubte ich, dass ich mich verfahren haben musste, denn ich konnte ein paar Seen sehen. Außerdem sah die Gegend so zwielichtig aus. Mir kam das alles ein bisschen komisch vor.

Ich geriet etwas in Panik und fuhr an die Seite, um mich zu entspannen – ich weiß, dass ich in einem solchen Zustand durcheinanderkomme und dass es dann überhaupt nichts bringt, einen Blick auf die Karte zu werfen. Zu diesem Zeitpunkt wusste ich nur, dass ich das Auto wenden und den Weg zurückfahren musste.

Als ich hinreichend entspannt war, wartete ich den richtigen Augenblick ab, um mich wieder auf den Weg zu machen. Ich wartete so lange, bis ich mich NEUTRAL fühlte und wusste, dass ich bereit war – und ich wusste auch, welchem Auto ich folgen musste, das mich in die richtige Richtung führen würde. Ich weiß, es hört sich komisch an, aber ich wusste einfach, wann ich wieder losfahren und welchem Auto ich folgen musste. Dieses Auto führte mich direkt zu der Straße, in der mein Anwalt sein Büro hatte.

Das Seltsame ist, dass das Auto, dem ich folgte, theoretisch überallhin hätte fahren können – zum örtlichen Supermarkt, nach Oxford, Manchester oder in die Londoner Innenstadt. Wahrscheinlich war es aber so, dass ich die Frequenz einer Person auffing, die in dieselbe Richtung fuhr wie ich. Ich habe das schon mehrmals so gemacht. Ich erzähle Ihnen das, um zu beweisen, dass ich recht hatte. Ich rate Ihnen also nicht, es selbst auszuprobieren – obwohl ich gern wissen würde, ob jemand anders genauso verfährt, wenn er die Orientierung verloren hat!

Was können Sie tun, wenn Sie sich verirrt haben? Machen Sie sich keine Sorgen, Sie müssen nicht anfangen, anderen Autos zu folgen. Sie können zu anderen Methoden greifen, um sich in einen NEUTRALEN Zustand zu versetzen, damit Sie das Super-Unterbewusstsein anzapfen und den richtigen Weg finden können. Ein Freund von mir erzählte mir, dass er, wenn er sich verfährt, gewöhnlich das Fenster öffnet – aus irgendwelchen Gründen führt dies dazu, dass er sich dann wieder zurechtfindet. Ich vermute, dass er durch das Öffnen des Fensters unbewusst seine Intuition in Gang setzt.

Manchmal ist es gut, loszulassen

Manchmal müssen wir Gegenstände loslassen, die eine Erweiterung von uns sind, weil wir nicht länger mit ihnen verbunden sein wollen. Wenn beispielsweise Ihre Beziehung zerbricht, stellen Sie vielleicht fest, dass Sie, wenn Sie wirklich bereit sind weiterzugehen, sich von Gegenständen trennen, die eine Erweiterung der Energie dieser Person sind. Vielleicht geben Sie die

Sachen weg, die der Expartner Ihnen geschenkt hat, ziehen aus der Wohnung, die Sie sich geteilt haben, oder vernichten Fotos von ihm. Sie wissen einfach, dass es an der Zeit ist, es hinter sich zu lassen und weiterzugehen.

> *In Portugal kaufte ich mir ein Armband, als ich mit einem meiner Freunde dort Urlaub machte. Ich trug es jeden Tag, selbst nachdem mein Freund und ich uns getrennt hatten. Ein paar Jahre später war ich wieder im Urlaub – diesmal in Griechenland mit einem neuen Freund. Wir waren an den Strand gegangen, und gerade als ich aus der Dusche kam, bemerkte mein Freund, dass mein Armband verschwunden war. Mir selbst war es gar nicht aufgefallen.*
>
> *Meinen Freund machte das wirklich unruhig, und er begann, überall auf dem Boden herumzukriechen, um es wiederzufinden. Aber ich sagte ihm, er solle sich keine Mühe machen. Er konnte nicht fassen, dass ich überhaupt nicht aufgebracht war. Ich sagte ihm: »Es war Zeit, es loszulassen.« Ich hatte es jahrelang getragen, fühlte mich aber angesichts des Verlustes sonderbar neutral.*

Offensichtlich hatte sich diese Frau von jeglicher Energie, die mit diesem Armband zu tun hatte, gelöst. Als sie es dann tatsächlich verlor, empfand sie es überhaupt nicht so, als wäre ein Teil von ihr verloren gegangen. Im Grunde war sie dadurch, dass sie es losließ, befreit und damit auch von dem letzten bisschen Energie ihres Exfreundes. Ihr emotionales Glas war nun leer, sodass es mit neuer Energie gefüllt werden konnte.

Vielleicht glauben Sie, dass es sich bei einigen der Beispiele in diesem Kapitel um reine Koinzidenzen handelt. Aber auch wenn es einem so vorkommen mag, ist es ein Irrtum, sie lediglich als solche abzutun. Sie stellen Situationen dar, in denen es Menschen gelungen ist, sich mit dem Super-Unterbewusstsein zu verbinden – eine Fähigkeit, die auch Sie besitzen. Sie müssen sich einfach mal überlegen, ob Ihnen nicht auch schon ähnliche Situationen widerfahren sind, und erkennen, wenn Sie sich im NEUTRALEN Zustand befinden. Sie besitzen die Fähigkeit, Ihre Energie auf all die Dinge, die Ihnen kostbar sind, auszudehnen, sodass Sie sie nie wieder zu verlieren brauchen.

6

Fernheilung

Für manche Leute ist das Prinzip der Fernheilung schwer verständlich. Aber was Sie schon bald verstehen werden, ist, dass Sie bereits in der Lage sind, auf diese Weise zu kommunizieren. Fernheilung ist eine Form der Massenenergie und ein Zweiwegprozess: Die Rolle der zu heilenden Person ist genauso wichtig wie die Rolle des Heilers. Manche Leser dieses Buches haben Fernheilung bereits erfahren, entweder mit mir oder einem anderen Heiler, aber für andere wiederum ist dies eine völlig neue Vorstellung. Darum beginne ich zunächst einmal mit einer Erklärung.

Was ist Fernheilung?

Am einfachsten können Sie erfassen, was Fernheilung bedeutet, wenn Sie sie mit etwas Vertrautem vergleichen – mit Radiowellen beispielsweise. Heilende Energie wird auf ganz ähnliche Weise über Entfernungen hinweg übertragen.

Transistorradios waren früher die gebräuchlichste drahtlose Kommunikationseinrichtung, die Signale von Antennen in einiger Entfernung auffing. Aber heute bildet die Technologie hinter dem einfachen Radio die Basis für fast jedes »drahtlose« Gerät: Handys, Schnurlostelefone, Pager, Mikrowellenöfen, Fernseher, satellitengestützte Navigationsgeräte, Radiowecker, Garagentoröffner, Babysprechanlagen, drahtlose Netzwerke und Satellitenkommunikation. Bei diesen Beispielen weiß die Energie nicht, ob sie ein paar Meter oder mehrere Hundert Kilometer zurücklegt – und dasselbe trifft auch auf Heilenergie zu.

Alle diese technologischen Innovationen wurden von Menschen eingeführt, aber unser Verstand vermag nicht nur, solche Erfindungen zu machen, sondern er besitzt auch die Fähigkeit, auf die gleiche Weise zu kommunizieren. Das fand ich zufällig heraus. Kurz nachdem ich meine Gabe entdeckt hatte, behandelte ich Leute in meinem Büro. Einmal kam einer meiner Kollegen ins Zimmer, und ich bedeutete ihm per Handzeichen, sich auf das Sofa zu legen. Er zuckte vor Schreck zusammen und meinte: »Das habe ich gespürt!« Meine Energie floss bereits in ihm, einfach dadurch, dass ich ihn auf die andere Seite des Zimmers dirigiert hatte. Zu diesem Zeitpunkt in meinem Leben war ich bereits daran gewöhnt, dass ungewöhnliche Dinge passierten, und darum kam es mir nicht lächerlich vor.

Daraufhin begann ich bei den Behandlungen zu experimentieren, indem ich meine Hände nur ein paar Zentimeter von den Leuten entfernt hielt. Dann versuchte ich es von der anderen Seite des Zimmers aus, später ging ich ins Nebenzimmer und nicht lange danach behandelte ich Menschen in Ländern überall auf der Welt.

Es dauerte nicht lange, bis ich herausfand, dass Abstand kein Problem war, und ich entwickelte genügend Selbstvertrauen, um Menschen zu behandeln, wie weit entfernt sie auch sein mochten. Inzwischen habe ich Heilenergie in alle Teile der Welt geschickt, unter anderem Argentinien, Schweden, Japan, Australien, USA, Singapur und Neuseeland. Ich kann nachweisen, dass Fernheilung genauso wirksam sein kann, als wenn ich direkt mit jemandem arbeite – aber es liegt nicht nur an mir, damit es funktioniert. Fernheilung ist ein Zweiwegprozess, und die Person, die die Heilung EMPFÄNGT, ist in diesem Prozess ebenfalls aktiv und muss wissen, wann sie stattfindet.

Der folgende Fall zeigt, wie Sie eine positive Fernheilung erfahren können, egal wo Sie sind, solange Sie offen dafür sind, sie zu EMPFANGEN:

Seit geraumer Zeit litt ich an Arthritis im linken Knie. Ich hatte Seka zwar schon vorher persönlich getroffen, aber da es mir nicht immer leichtfiel, mich zu bewegen, ergriff ich die Gelegenheit zu einer Fernheilung. Ich war verblüfft, dass ich dasselbe Gefühl um den Oberkopf herum hatte wie bei den anderen Sitzungen auch, wenn sie ihre Hände auf mich legte. Ich spürte auch einen Druck im Kniebereich, als ob die Energie genau wüsste, worauf sie sich konzentrieren musste.

Nach den drei Tagen der Fernheilung konnte ich mein linkes Bein weiter beugen, als es mir jahrelang möglich gewesen war. Es fühlte sich stärker an, und ich konnte es wieder vollständig belasten und die Treppe ganz normal hinaufgehen. Jetzt, zehn Tage später, kann ich normal sitzen, ohne dass ich mein Bein gestreckt halten muss, wie ich es früher getan habe. Meine Schwimmbewegungen sind kräftiger geworden, und ich kann länger spazieren gehen. Es ist erstaunlich!

Die folgende Geschichte handelt von einer Frau, die zwar skeptisch war, der es aber trotzdem gelang, NEUTRAL zu bleiben, weil sie keinerlei Erwartungen hegte.

Fast mein ganzes Erwachsenenleben lang litt ich an wiederkehrenden Blasenentzündungen, und als sie über mehrere Jahre hinweg immer schlimmer wurden, erhielt ich schließlich die Diagnose interstitielle Zystitis. Gegen diese schmerzhafte chronische Blasenerkrankung gibt es kein bekanntes Heilmittel. Eine meiner Freundinnen erzählte mir von Seka, und anfangs war ich skeptisch. Aber an diesem Punkt hatte ich nichts mehr zu verlieren und war bereit, alles auszuprobieren. Ich versuchte, unvoreingenommen zu sein, und machte einen fünftägigen Terminblock aus.

Zuerst wurde der Schmerz schwächer, aber dann, ein paar Tage nach der Heilung, wurde er schlimmer und entwickelte sich mehr zu einem Brennen. Ich geriet in Panik und rief die Praxis an. Mir wurde gesagt, dass ich mich an diesem Abend um 21 Uhr hinlegen solle, in dieser Zeit würde Seka eine Fernheilung durchführen. Ich hatte noch nie zuvor etwas getan, was auch nur annähernd so unkonventionell war wie dies, und wusste eigentlich überhaupt nicht, was auf mich zukommen würde, aber ich willigte ein.

Ich machte mich fürs Bett fertig und öffnete das Fenster ganz weit, obwohl es eiskalt war. Ich hatte einfach das Gefühl, das tun zu müssen. Ich legte mich aufs Bett und platzierte meine Hände über meine schmerzende Blase. Kurz nach 21 Uhr begann mein ganzer Körper, sich zu erhitzen, und der Schmerz verschwand einfach. Etwa eine halbe Stunde später stand ich auf und schloss das Fenster. Mir war warm, und ich fühlte mich wohl. In jener Nacht schlief ich acht Stunden durch, ohne aufzuwachen – was seit fünf Jahren nicht mehr vorgekommen war.

Seitdem hatte ich keine Blasenentzündung mehr, was unglaublich ist. Es ist eine Wohltat, frei von Antibiotika zu sein, die ich zuvor regelmäßig einnehmen musste. Und folglich fühle ich mich umso viel besser. Dies war eine der unwirklichsten Erfahrungen, die ich jemals gemacht habe, und eine, die noch sehr lange haften bleiben wird. Mein zutiefst empfundener Dank gilt Seka dafür, dazu beigetragen zu haben, und für die Wiederherstellung meiner Gesundheit.

Diese Frau hatte keinerlei Erwartungen im Hinblick darauf, was geschehen würde, und daher fiel es ihr leicht, in einem NEUTRALEN Zustand zu sein. Dadurch, dass sie ihr Fenster öffnete, signalisierte sie sich fast selbst, sich der NEUTRALITÄT zu öffnen. Und als sie dann die Hände über ihre Blase legte, konzentrierte sie sich auf den Bereich ihres Körpers, in den die Energie fließen sollte.

Wie funktioniert Fernheilung?

Im Gegensatz zu dem, was manche Leute glauben, geht es bei der Fernheilung nicht nur um den Heiler. Vielmehr ist es eine Zusammenarbeit und Verbindung zwischen der Person, die die Heilung SENDET, und der Person, die sie EMPFÄNGT. Fernheilung ist nicht etwas, was »mit Ihnen geschieht« – Sie »tun es« auch, arbeiten sozusagen mit, und dadurch unterscheidet sie sich von der direkten Heilung.

Bei der direkten Heilarbeit bin ich diejenige, die Kontrolle über die Energie ausübt, und die Person, an der ich arbeite, EMPFÄNGT sie einfach. Die Heilung funktioniert besser, wenn die Patienten sich im NEUTRALEN Zustand befinden, aber im Allgemeinen müssen sie überhaupt nichts tun. Das entspricht in etwa der alltäglichen Kommunikation. Wenn ich Ihnen etwas sagen will und Sie befinden sich im selben Zimmer, kann ich einfach laut reden, und Sie werden meine Stimme hören, ob Sie es wollen oder nicht. Sie können wählen, ob Sie die Wörter über sich ergehen lassen (und sie werden sich trotzdem irgendwie auswirken) oder ob Sie sie wirklich in Ihr Bewusstsein eindringen lassen, indem Sie in einem NEUTRALEN Zustand sind.

Lassen Sie uns jetzt näher betrachten, wie wir über Entfernungen hinweg kommunizieren. Angenommen, ich bin in London, aber Sie leben in New York. Wenn ich Ihnen etwas sagen möchte, muss ich Sie anrufen. Aber ich kann nicht einfach Ihre Nummer wählen, anfangen zu reden und erwarten, dass Sie mich hören: Sie müssen meinen Anruf annehmen. Sobald Sie das getan haben, können Sie die Entscheidung treffen, ob Sie meine Wörter über sich ergehen lassen oder ob Sie wirklich zuhören, was ich Ihnen sage.

Auch bei der Fernheilung müssen Sie sich genauso aktiv mit mir verbinden, wie ich mich aktiv mit Ihnen verbinde. Ich »rufe an«, indem ich Energie SENDE, und Sie »nehmen den Anruf an«, indem Sie sich dafür öffnen, die Energie zur vereinbarten

Zeit zu EMPFANGEN. Es ist der gleiche Prozess, ob Sie sich im Nebenraum befinden oder auf der anderen Seite der Welt: Sofern Sie »meinen Anruf annehmen«, können wir energetisch miteinander kommunizieren.

Sobald Sie sich mit mir verbunden haben, haben *Sie* die Kontrolle darüber, in welchem Maß Sie die Energie wirken lassen wollen, indem Sie im richtigen Geisteszustand sind. So, wie ich nicht mit Ihnen reden kann, wenn Sie den Anruf nicht annehmen, kann ich Sie nicht heilen, wenn Sie sich nicht für die Verbindung öffnen.

Wie bei allen Aspekten der Energiearbeit wissen Sie bereits mehr über diese Art der Zweiwegkommunikation, als Sie denken. Wahrscheinlich gab es in Ihrem Leben Zeiten, in denen es Ihnen nicht gut ging und Sie sich mit jemandem energetisch verbunden haben, der alles Mögliche versuchte, damit es Ihnen wieder besser ging. Als Sie beispielsweise klein waren, was haben Ihre Mutter oder Ihr Vater da getan? Vermutlich kuschelten sie mit Ihnen, strichen Ihnen übers Haar, erzählten Ihnen schöne Geschichten und schenkten Ihnen im Allgemeinen viel Aufmerksamkeit und Liebe. Jetzt, wo Sie erwachsen sind, bringen Ihnen Leute vielleicht Obst oder Blumen mit, schicken Ihnen Karten mit positiven Botschaften und halten Ihnen die Hand, um Sie zu trösten. Wenn Sie solche Gesten oder Geschenke nicht annehmen wollen, brauchen Sie es nicht zu tun. Aber Sie können sich auch dafür entscheiden, sich zu öffnen, um die wohltuende Energie, die andere Ihnen SENDEN, zu EMPFANGEN, und auf ähnliche Weise EMPFANGEN Sie auch Fernheilung.

Diese Energie wirkt auch auf andere Weise, und zwar wenn Sie positive Energie von Musikern bei einem Konzert EMPFANGEN oder von Schauspielern bei einem Theaterstück, das Sie sich ansehen. Diese Künstler SENDEN Ihnen Energie aus der Ferne.

Wie Sie später in diesem Kapitel sehen werden, ist das Wichtigste, was Sie tun können, wenn Sie Fernheilung EMPFANGEN, in einem NEUTRALEN Zustand zu sein, denn dies öffnet Ihren Kommunikationskanal. Sie müssen Ihren Kopf freibekommen und sollten nichts erwarten – schwimmen Sie einfach mit dem Strom. Sie treffen bereits ständig Entscheidungen darüber, ob Sie sich Menschen öffnen wollen oder nicht, ob Sie mit ihnen kommunizieren wollen oder nicht. In einer Heilbeziehung ist es nicht anders.

Für eine erfolgreiche Fernheilung ist weiterhin ausschlaggebend, dass Sie wissen, was bei der Heilung für Sie herauskommen soll. Um bei der Telefon-Metapher zu bleiben: Wenn Sie nicht wissen, was Sie mir sagen wollen, wird unsere Kommunikation blockiert. Aber wenn Sie wissen, welche Botschaft Sie mir ZURÜCKSENDEN wollen, können wir klar und deutlich kommunizieren.

Das gleiche Maß an Klarheit ist vonnöten, wenn Sie die besten Resultate aus der Fernheilung erzielen wollen. Obwohl die Energie naturgemäß in den Körperteil von Ihnen hinfließen will, der am meisten Hilfe bedarf, werden Sie diesen Prozess unterstützen, indem auch *Sie* Ihre Aufmerksamkeit auf diesen Teil Ihres Körpers lenken und offen sind zu EMPFANGEN. Erinnern Sie sich an die Frau mit der Zystitis, die ihre Hände über ihre Blase legte, wodurch sie ihre Aufmerksamkeit besser bündeln konnte. Der Heiler sendet die Energie, aber die Regie des Ganzen, wie Ihr Körper dabei reagiert, liegt in *Ihren* Händen.

Die praktischen Aspekte der Fernheilung

So, wie ich Sie nicht anrufen kann, wenn ich Ihre Telefonnummer nicht habe, können Sie nicht aus der Ferne geheilt werden, wenn Sie mir keine Möglichkeit geben, mich mit Ihrer Energie zu verbinden. Bei Leuten, die ich kenne, weiß ich, wie ich mich mit ihrer Energie verbinden kann. Aber wenn ich einer Person nie zuvor begegnet bin, bitte ich sie, mir ein Foto zu schicken. Dieses benötige ich, um mich mit ihrer Frequenz verbinden zu können. Es kann aber auch eine Handschriftenprobe sein oder ein Gegenstand, an dem sie hängt, denn dies sind allesamt Erweiterungen ihrer Energie.

Für eine ordentliche Verbindung spielt auch die Zeit eine wichtige Rolle, weil die betreffende Person wissen muss, dass ich an ihr arbeite. Indem wir einen Zeitpunkt vereinbaren, stellen der EMPFÄNGER und ich eine Leitung zwischen uns bereit, die es uns erlaubt, unsere Energien miteinander zu verbinden. Solange der EMPFÄNGER in der vereinbarten Zeit für die Heilung empfänglich ist, wird er die Heilenergie auch EMPFANGEN, egal wo er sich aufhält.

Weltweite Gruppenfernheilung

In den vergangenen Jahren habe ich dreitägige weltweite Fernheilungssitzungen als Experiment organisiert, um zu demonstrieren, wie wir uns gleichzeitig mit derselben Energie verbinden können. Die Anzahl der Teilnehmer kann in die Tausende gehen. Alle, die dabei mitmachen, haben ein Bild von meinen Händen, was so ähnlich ist, als hätten sie meine Telefonnummer. Dann verbinden sie sich mit *mir*, da ich unmöglich Fotos von allen Teilnehmern haben kann.

Hinten im Buch (Seite 204) finden Sie eine Abbildung meiner Hände, die Sie verwenden können, um sich das nächste Mal, wenn ich wieder mal solch ein Event organisiere, mit der Heilenergie zu verbinden.

Indem sie sich mit meinen Händen verbinden, stellen die Personen, die Heilung empfangen, die erste Verbindung her – und auch wenn sie sich dessen nicht bewusst sind, sind sie dazu imstande. Diesen Teil beherrschen Sie bereits alle! Wenn sich jemand mit meinen Händen verbindet, ist es so, als würde er mich anrufen, und wenn ich seine Nachricht EMPFANGE, SENDE ich ihm Energie. Diese Art der Fernheilung wird also von dem EMPFÄNGER und nicht von mir angestoßen.

Je größer die Anzahl der Teilnehmer, umso stärker wird auch die Energie. Wenn Hunderte oder Tausende Menschen mit dem Energiekanal verbunden sind, sind sie zugleich miteinander verbunden, und auf diese Weise erzeugen wir ein energetisches Netzwerk. Sie können sich das Ganze wie das Stromnetz eines Landes vorstellen. Wenn ich dagegen eine Person direkt heile, entspricht dies dem kleineren Elektrizitätsnetz in einem Haus. Aufgrund der Größe und Stärke der Verbindung bei einer weltweiten Gruppenfernheilung können die Teilnehmer unglaublich intensive Erfahrungen machen. Manche glauben, frei zu schweben, während andere sehr eindringliche Bilder beschreiben.

Da die Zeit bei der Fernheilung stets ein wichtiger Faktor ist, ziehe ich, wenn ich weltweit an vielen verschiedenen Orten arbeite, eine Astrologin zurate, um den besten Zeitpunkt zu bestimmen, zu dem sich die Energie auf diese Weise erschließt. Mithilfe von Planeten- und Himmelskarten bestimmt sie den besten Zeitpunkt des Jahres, der für alle günstig ist, auf die Minute genau. Es gibt im Jahr nur ganz wenige Zeitfenster, in denen es für mich ungefährlich ist, Energie in diesem Maß zu SENDEN, und in denen es für alle möglich ist, sie zu EMPFANGEN. Manchmal kann ich nicht zu dem von mir gewünschten Zeitpunkt arbeiten, sondern muss zwei Monate warten, damit es für alle ideal und sicher ist.

Die Resultate von Fernheilungen

Der Hauptunterschied zwischen direkter Heilung und Fernheilung besteht darin, dass *ich*, wenn ich direkt an jemandem arbeite, die Energie kontrolliere, die in die Person hineinfließt, und die Stärke, weil ich mich auf die speziellen Bereiche ihres Körpers konzentriere, die Heilung benötigen, und die Person sie einfach EMPFÄNGT. Aber wenn ich aus der Ferne heile – ob es sich dabei um eine Person oder um eine Gruppe handelt –, kontrollieren *sie* die Energie und wie viel sie davon aufnehmen. Das hängt davon ab, wie NEUTRAL sie zu dem Zeitpunkt sind.

Obwohl die Energie immer die Personen erreichen und in gewissem Maß bei ihnen wirken wird, hängt es vom EMPFÄNGER ab, wie erfolgreich die Heilung sein wird, denn er bestimmt, wie viel Energie er EMPFANGEN will – und um wirklich Nutzen daraus zu ziehen, muss man sich in einem NEUTRALEN Zustand befinden. Wenn die Person mit ihren Gedanken abschweift, wenn sie die Situation überanalysiert, verängstigt oder gereizt ist, ständig auf die Uhr schaut oder sich Sorgen um etwas macht, wird sie ihren Zustand der NEUTRALITÄT unterbrechen und dann nicht die bestmögliche Erfahrung machen. Wenn sie dagegen wirklich entspannt ist, aufgeschlossen und in einem NEUTRALEN Zustand, ist es so, als würde sie nicht nur den Hörer abnehmen, sondern sich auch in einer Gegend mit einer wirklich guten Reichweite aufhalten! Sie muss sich einfach nur hinlegen und mit dem Strom schwimmen ...

Bei den weltweiten Heilsitzungen ist die Energie immer gleich stark, und die Entfernung spielt keine Rolle – ob Sie nun im Nebenzimmer oder auf der anderen Seite der Welt sind. Wenn Teilnehmer also von unterschiedlichen Erlebnissen berichten, liegt das daran, dass *sie* sich in einem unterschiedlichen Geisteszustand befinden. Die folgenden paar Beispiele werden Ihnen eine Vorstellung davon geben, wie sehr Sie Ihre Heilungserfahrung beeinflussen können.

Ein paar Tage vor der ersten weltweiten Heilsitzung diagnostizierte mein Arzt bei mir Gallensteine. Das nahm mich wirklich ganz schön mit, abgesehen davon hatte ich starke Schmerzen. Während der drei Sitzungen lag ich einfach da und ließ locker, meine Hände ruhten auf dem Bild von Sekas Händen, und ich ließ mich an einen wirklich entspannten Ort treiben. Ich spürte etwas Schmerzen und eine Regung im Bereich um Gallenblase und Leber. Und ich spürte starke Hitzewellen, die von dem Bild mit

Sekas Händen ausgingen. In der darauffolgenden Woche schickte mich mein Arzt erneut zu einem Scan in der Erwartung, nach wie vor die Gallensteine zu sehen, aber es gab kein Anzeichen von ihnen! Sie waren alle verschwunden – und mit ihnen die Schmerzen! Mein Arzt konnte es nicht glauben, aber ich. (Niederlande)

• • •

Ich hatte jahrelang Krampfadern im rechten Bein. Ich wollte sie zwar immer loswerden, hatte aber nie etwas dagegen unternommen. Als ich die Möglichkeit bekam, an Sekas weltweiter Fernheilungssitzung teilzunehmen, war ich begeistert. Während der Sitzungen hatte ich Schmerzen im rechten Bein und spürte einen Druck darum herum. Das passierte jeden Tag. In der darauffolgenden Woche wurde das ganze Bein rot. Danach verschwanden die Krampfadern. Jetzt ist es so, als wären sie nie da gewesen. (Großbritannien)

An diesen Geschichten können Sie sehen, dass Ihr körperlicher Zustand keine Rolle spielt. Was dagegen wirklich eine Rolle spielt, ist Ihr mentaler Zustand. Die zwei Frauen in diesen Beispielen waren völlig NEUTRAL im Hinblick darauf, was geschehen würde. Beide entspannten sich, so gut sie konnten, sogar als sie Schmerzen und Unbehagen verspürten.

Das nächste Beispiel zeigt, wie jemand, der an seiner Krankheit verzweifelt, die Energie zu diesem Bereich blockiert, aber trotzdem eine gute Erfahrung mit einem anderen Teil seines Körpers machen kann:

Ich lag während der drei Heilsitzungen auf meinem Bett und versuchte, mich zu entspannen. In den ersten 15 Minuten waren meine Hände ganz warm, und ich spürte auch ein Prickeln mitten auf der Stirn. Zehn Minuten später, nachdem die Heilsitzung beendet war, wollte ich ein Schmerzmittel für meinen Rücken nehmen, wie ich es seit einem Unfall sechs Monate zuvor immer tat. Aber da merkte ich auf einmal, dass ich keine Rückenschmerzen mehr hatte. Und jetzt, eine Woche später, bin ich immer noch schmerzfrei.

Ich freue mich darüber, dass es meinem Rücken besser geht, aber das Komische daran ist, dass ich eigentlich von meiner Schuppenflechte geheilt werden wollte. Ich habe so verzweifelt versucht, das wieder hinzukriegen, aber es hat sich nichts geändert, obwohl ich ständig daran dachte.

Auf jeden Fall vielen, vielen Dank. Beim nächsten Mal wird hoffentlich auch meine Haut wieder gesund werden. (Spanien)

Diese Geschichte verdeutlicht, dass die Energie jemanden bis zu einem gewissen Maß erreicht, egal, wie er sich fühlt, aber *er* bestimmt, wohin sie fließt. Dieser Mann war so verzweifelt wegen seiner Hautkrankheit, dass es ihm nicht gelang, dem gegenüber NEUTRAL zu bleiben. So hinderte er die Energie daran, an seiner Haut zu arbeiten. Trotzdem hatte er etwas davon, auch wenn die Heilung nicht dort erfolgte, wo er es sich so sehr wünschte. Wenn er sich einfach nur entspannt hätte und NEUTRAL gewesen wäre, um die Energie überall zu EMPFANGEN, hätte er ein besseres Ergebnis erzielt.

Eine der häufigsten Empfindungen, die Leute während einer Heilungssitzung wahrnehmen, ist eine starke Hitze, die vor allem von den Bildern von meinen Händen ausgeht. Daraus wird ersichtlich, dass sie sich mit der Energie verbunden haben, aber manchmal ist das auch alles:

Etwa 10 Minuten nach Beginn der Sitzung spürte ich eine Hitzewelle in meinen Händen, und sie färbten sich dunkelrot bis violett. Die Hitze hielt ein paar Minuten an, und dann, als die Sitzung vorüber war, war ich sehr ruhig, und mir war warm. (Großbritannien)

● ● ●

Ich nahm einen gleichbleibenden Energiefluss und eine Wärme wahr, die von dem Bild von Sekas Händen herrührten. Es fühlte sich an wie Wellen, die sich bis hinauf in meinen Kopf bewegten. Es war wirklich bemerkenswert und eine sehr angenehme Erfahrung. (Argentinien)

Solche Erfahrungen sind weit verbreitet und bestätigen, dass die Person etwas Energie EMPFÄNGT und sich mit ihr verbunden hat. Aber wenn ihre Erfahrung sich *nur* auf Entspannung und Wärme beschränkt, dann war sie nicht ausreichend entspannt oder NEUTRAL. Wenn Leute nur Wärme, ein Prickeln und manchmal einen Schmerz in den Händen spüren, ist dies normalerweise darauf zurückzuführen, dass sie sich allzu sehr darauf konzentrieren, sich mit *meinen* Händen zu verbinden. Wenn Sie das tun und den Prozess analysieren oder darüber nachdenken, ob Sie alles richtig machen oder nicht, können Sie die Energie daran hindern, sich weiter in Ihren Körper zu bewegen. So, wie ein Glas leer sein muss, damit Sie es mit Wasser füllen können, müssen Sie Platz in Ihrem Körper und Ihrem Geist schaffen, damit die Heilenergie wirken kann.

Machen Sie sich klar, dass alle Leute, deren Geschichten hier wiedergegeben werden, an ein und derselben Sitzung teilgenommen haben, und folglich hatten alle dieselbe Chance, ihre Erfahrung zu beeinflussen. Es waren ihre Gedanken und ihr mentaler Zustand, die den entscheidenden Unterschied machten.

Heilung kann sich auf mehr als nur den Körper erstrecken

Zum Schluss möchte ich mit Ihnen eine etwas andere Heilererfahrung teilen.

Ich war fast 20 Jahre lang Gelegenheitsraucher, aber stets nur bei geselligen Anlässen. Ich habe meine Gewohnheit immer mit der

Tatsache gerechtfertigt, dass ich in allen anderen Bereichen meines Lebens auf meine Gesundheit achte. Aber im letzten Jahr fasste ich den Entschluss, damit wirklich aufzuhören. Ich versuchte es ein paarmal, wurde aber immer rückfällig, sobald ich mich in Gesellschaft befand.

Erst am dritten Tag von Sekas weltweiter Heilsitzung kam mir in den Sinn, dass ich es doch einmal ausprobieren könnte, ob sie nicht nur körperliche Krankheiten, sondern auch Gewohnheiten heilen konnte. Während der Sitzung dachte ich also unentwegt an meine Absicht, das Rauchen aufzugeben. Ich war sehr entspannt und spürte die Energie wirklich sehr intensiv. Es war wie ein elektrischer Schlag, und mein Körper fing sogar an zu zucken. Es war recht seltsam, aber danach fühlte ich mich gut.

Das Beste daran ist, dass ich nach der Sitzung überhaupt kein Verlangen mehr nach Zigaretten hatte. Jetzt, einen Monat später, freue ich mich, dass ich immer noch keine Zigarette angerührt habe. Ich bin von Rauchern umgeben und habe mich überhaupt nicht versucht gefühlt, eine Zigarette anzuzünden. Ich muss sagen, dass ich erstaunt bin. Dieses heftige Verlangen, das ich fast 20 Jahre lang hatte, ist endlich verschwunden. (Deutschland)

Dieser Mann wählte den richtigen Ansatz, sich auf das zu konzentrieren, was er sich wünschte – er dachte an seine Absicht, das Rauchen aufzugeben, und war aufgeschlossen dafür, es zu versuchen. Er hatte keine Erwartungen, und daher fiel es ihm leicht, in einen Zustand der NEUTRALITÄT zu gelangen.

Was Sie an diesem Beispiel noch sehen können, ist, dass Sie keine körperliche Krankheit oder eine Verletzung haben müssen, um von der Heilung zu profitieren. Sie können an jedem Problem arbeiten, wo Sie auf ein Hindernis stoßen oder das Gefühl haben, »festzustecken«, ob es sich dabei um eine Beziehung, ein Arbeitsproblem oder eine Gewohnheit handelt.

Es ist erstaunlich, dass alle diese Heilungen einfach nur dadurch erfolgen können, dass Menschen sich miteinander verbinden. Sie müssen nicht immer zu einem Arzt oder in ein Krankenhaus gehen oder Medikamente nehmen: Obwohl diese Maßnahmen manchmal notwendig sind, müssen Sie in anderen Situationen einfach nur von den Kenntnissen und Fähigkeiten Gebrauch machen, die Sie bereits besitzen, um sich selbst zu heilen.

Nehmen Sie das Heft in die Hand

Jeder Mensch hat die Möglichkeit, Energie aufzunehmen und Heilung zu erfahren, wenn er sich mit Heilenergie verbindet. In dieser Hinsicht sind also alle Menschen gleich. Die Entscheidung liegt beim Einzelnen.

Bei Gruppenheilungen wird die Massenenergie sehr stark, und folglich sind manche Erlebnisse sehr intensiv. Einige Teilnehmer befinden sich in einem derart tiefen Zustand der NEUTRALITÄT, dass sie lebendige Bilder von mir empfangen. Als ich das letzte Mal eine weltweite Gruppenheilung durchführte, schrieb mir eine Frau eine E-Mail, in der sie fragte, ob ich während der Sitzung auf eine Weltkarte schauen würde – und das stimmte auch. Es war, als hätte sie mich im Fernsehen gesehen. Diese Art von Fähigkeit wird oft als »Fernwahrnehmung« bezeichnet. Manche Teilnehmer wissen also genau, wann ich die Sitzungen beginne und beende. Einmal verlängerte ich die Sitzung um fünf Minuten, was ursprünglich nicht geplant war, und Teilnehmer aus den verschiedensten Ländern schrieben Mails an das Büro, weil sie wissen wollten, ob dies der Fall gewesen wäre: Sie hatten nämlich die Veränderung genau in dem Augenblick, als ich die Verbindung beendete, gespürt.

Ich arbeite die ganze Zeit über mit dieser Energie, und daher bin ich mir dieser Erfahrungen durchaus bewusst. Es verwundert mich eher, dass Leute solche Zeichen ignorieren können. Sie dürfen derartige Informationen nicht übergehen, weil sie wichtig sind, und es sind Zeichen, die beweisen, dass Sie mehr wissen, als Sie glauben. Personen, die im NEUTRALEN GEIST-Zustand sind, sind der Meinung, dass sie die besten Resultate erzielen, weil sie nichts infrage stellen – sie werden einfach zu den Dingen angezogen, die sich gut anfühlen. Wie bereits erwähnt, sind Sie mit der Fähigkeit, NEUTRAL zu sein, auf die Welt gekommen. Kinder sind naturgemäß aufgeschlossen und offen, bevor sie allmählich von der Welt beeinflusst werden, und demzufolge machen sie oft ungewöhnlich positive Heilungserfahrungen – selbst wenn sie gar nicht wissen, was sie tun. Das können Sie der folgenden Geschichte entnehmen:

Ich hatte gerade meine Teilnahme an Ihrer Heilsitzung beendet und holte mir ein Glas Wasser. Als ich wieder ins Wohnzimmer zurückging, wo ich während der Sitzung gesessen hatte, sah ich, dass meine Tochter ihre Hände über dem Bild mit Ihren Händen hielt. Ich fragte sie, was sie da tue. »Ich wärme mir die Hände auf, Mama«, antwortete sie. (USA)

Dieses kleine Mädchen fühlte sich ganz natürlich zu der Abbildung meiner Hände hingezogen, ohne etwas zu hinterfragen, und sie spürte sogleich, was sie spüren sollte. Sie hatte keine Ahnung oder irgendwelche Vorurteile, weder Angst noch Erwartungen im Hinblick darauf, was sie tat. Sie wurde einfach instinktiv von der Energie meiner Hände angezogen – obwohl die »formelle« Heilsitzung bereits zu Ende war.

Irgendwann einmal waren *Sie* auch so. Sie waren aufgeschlossen und offen, um zu EMPFANGEN – und Sie wissen immer noch, wie man in diesen Zustand gelangt. Sehen Sie sich noch einmal die Diagramme in Kapitel 3 (Seite 39) an, um sich daran zu erinnern, wie Ihr Geist auf diese Weise funktioniert.

7

Wir wollen glauben

Im letzten Kapitel haben Sie erfahren, dass Ihre Energie sich auf Ihre persönliche Habe und Ihr Zuhause erstreckt und dass diese Erweiterungen Ihrer Energie in dem Augenblick aufgehoben werden können, in dem Sie Ihre Verbindung mit ihnen verlieren. Selbst wenn Ihre energetische Verbindung beendet ist, verschwindet diese Energie nie, weil sie es nicht kann: Energie kann nicht zerstört werden, und das gilt auch für die Energie in unseren Körpern, wenn wir sterben. Wie Sie vielleicht wissen, bleibt die Energie der uns nahestehenden Menschen bei uns. Die Geschichten in diesem Kapitel werden Ihnen helfen, solche Erfahrungen, die Sie vielleicht schon in Ihrem Leben gemacht haben, zu identifizieren.

Unsere Energie existiert immer

Weil Energie nicht zerstört werden kann, wenn wir sterben und unser physischer Körper alle seine Funktionen einstellt, wird unsere Energie Teil der universalen Energie. Diese Energie umfasst alle Menschen, die auf der Erde gewandelt sind, sowie sämtliche Erkenntnisse und Erfahrungen, die es im Universum je gegeben hat. Manche betrachten diese Dimension der Energie als unseren Spirit.

Mein erstes Erlebnis dieser Art war, als meine Mutter verschied, denn ihr Tod war so tragisch und abrupt erfolgt. Als sich ihre Energie fortbewegte, fühlte sich unser Haus ganz anders an, weil sie dort so viel Zeit verbracht hatte und hauptsächlich Hausfrau gewesen war. Und weil die Art, wie sie starb, so aggressiv war, geschah auch der Wechsel abrupt und dramatisch. Alle Holzgegenstände in unserem Haus zerbarsten, einschließlich der Türen und einer großen hölzernen Vase. Diese Gegenstände brachen einfach mitten durch, als ob das Leben aus ihnen verschwunden wäre – und in gewisser Weise war das ja auch so. Wir blieben mit einem leeren Gefühl im Haus zurück, weil sich die Energie meiner Mutter verlagert hatte.

Damals verstand ich nicht, was vor sich ging, und war verängstigt und verwirrt. Wie ich heute weiß, war die Energie meiner Mutter in unserem Heim so stark, dass, als ihre Energie sich auf die universelle Ebene bewegte, auch die Erweiterungen von ihr mit ihr gingen. Wenn ich jetzt daran zurückdenke, erschreckt es mich nicht mehr, und seitdem habe ich ähnliche Dinge erlebt und verstanden.

Vor einer Weile hatte ich ein solches Erlebnis. Zu der Zeit behandelte ich eine Freundin von mir, die Lungenkrebs hatte. Zwei Jahre lang besuchte ich sie jeden Tag, auch in den Wochen, die sie im Krankenhaus verbrachte, um ihr zu helfen, ihre Schmerzen und Beschwerden zu lindern.

Eines Morgens, als ich zu Hause war, besuchte mich eine französische Freundin von mir. Da ich sie seit fast 20 Jahren nicht mehr gesehen hatte, freute ich mich sehr darauf. Kaum hatte sie mein Haus betreten, als sie mein Klavier erblickte, und ganz aufgeregt lief sie dorthin. Sie begann ein Lied zu spielen, das zufälligerweise das Lieblingsstück meiner kranken Freundin war, die auch immer dieses Lied gespielt hatte, wenn sie bei mir zu Besuch gewesen war. Ich war also geschockt, als diese andere Freundin genau das Gleiche tat.

Mir war klar, dass das nicht normal war. Es war einfach zu merkwürdig, dass diese Frau, die mich fast zwei Jahrzehnte nicht gesehen hatte, sich als Erstes auf das Klavier stürzte, und daher wusste ich, dass ich eine Botschaft von meiner Freundin im Krankenhaus EMPFING.

Genau in diesem Augenblick wurde mein ganzer Körper von einer Hitzewelle erfasst. Ich glühte förmlich und wusste, dass ich sofort ins Krankenhaus musste. Mir blieb keine Zeit, meiner Freundin alles zu erklären, sondern ich brauste einfach mit einem Taxi zum Krankenhaus. Ich vertraute meinem Instinkt; ich wusste, dass ich diesem Zeichen Aufmerksamkeit schenken und bei meiner Freundin im Krankenhaus sein musste. Als ich an der Seite ihres Bettes stand, streckte sie ihre Hand aus, um meine zu nehmen – und kaum hatten sich unsere Hände berührt, starb sie. Offensichtlich hatte sie mich noch einmal berühren wollen.

Ich empfand es als eine solche Ehre, bei ihrem Tod zugegen zu sein. Auch ihr Mann stand an ihrem Bett, und wir teilten ein überwältigendes Gefühl des Friedens miteinander. Wegen dieses Gefühls der Ruhe und des Friedens, das uns überkam, hatten wir sogar ein schlechtes Gewissen. Bis auf den heutigen Tag bin ich davon überzeugt, dass dies geschah, weil meine Freundin wollte, dass wir uns im Frieden fühlten, wie sie es auch tat.

Sie können trotzdem verbunden bleiben

Wenn wir einen nahestehenden Menschen verlieren, wollen die meisten von uns glauben, dass diese Person auf irgendeine Weise noch bei uns weilt. Damit fühlen wir uns besser, und es ist uns ein Trost, was uns helfen kann, unsere Trauer zu bewältigen. Ich habe selbst eine sehr beeindruckende Erfahrung mit diesem Trost gemacht.

Bis zum Verlust meiner Mutter hatte ich ein perfektes Familienleben genossen. Meine Mutter war erst 40, als sie verschied, und es war mir nie in den Sinn gekommen, dass sie so bald von mir gehen würde. Sie hatte einen starken Einfluss auf unsere Familie und war eine überaus sprachgewaltige, charismatische Frau. Sie war sanft und gleichzeitig stark, und von ihr ging eine wunderbare Wärme aus. Als sie also hinübergegangen war, fragte ich mich zum ersten Mal in meinem Leben, was mit uns nach unserem Tod geschieht, und nach einer Weile fühlte ich mich mit der Vorstellung vom Tod behaglicher.

Mir wurde klar, dass meine Mutter, auch wenn sie nicht mehr lebte, mir immer noch sehr nahe war. Ich erblickte ihre Augen flüchtig oder spürte ihre Präsenz. Wärme tröstete mich, wenn ich mich einsam fühlte oder durcheinander war, und ich wusste einfach, dass es ihre Körperwärme war. Meine Mutter half mir durch schwierige Zeiten hindurch, und sie führte mich, als sich meine Heilkräfte manifestierten.

Die erste Bestätigung, dass sie energetisch immer noch bei mir war, erhielt ich während eines Aufenthaltes in Südafrika. Eine Gruppe von Leuten, die an Meningoenzephalitis litten, hatte mich um Hilfe gebeten, und so reiste ich für eine Woche dorthin, um sie zu behandeln. Eine der Patienten, die zu mir kamen, sah aus wie eine gute Fee. Sie war mollig und hatte eine sehr warme, angenehme Energie, und ihre Gegenwart fühlte sich beruhigend und heilsam an, sodass ich dachte, ich könnte ein kleines Spiel spielen. Ich sagte mir: »Wenn du wirklich eine gute Fee bist, dann stelle ich dir drei Fragen, die meine Mutter beantworten soll, um zu beweisen, dass sie bei mir ist.« Das sagte ich mir, während ich die Frau behandelte, aber wir sprachen nicht miteinander. Als ich fertig war, sagte sie zu mir: »Ich habe gerade mit Ihrer Mutter gesprochen. Sie sagte, ich soll Ihnen drei Dinge sagen.« Und dann beantwortete sie die Fragen, die ich mir im Geiste gestellt hatte, genau so, wie ich es mir vorgestellt hatte. Ich war so glücklich! Ich war mir dann sicher, dass meine Mutter bei mir war, und es fühlte sich herrlich an.

Am nächsten Tag kam die Frau wieder und schenkte mir eine Puppe von einer Fee, die sie selbst angefertigt hatte. Es war, als hätte sie meine Gedanken gelesen. Später fand ich heraus, dass sie eine spiritualistische Kirche leitete.

Ich hatte schon vor diesem Ereignis vermutet, dass meine Mutter bei mir war, aber nun wusste ich es mit Sicherheit. Ich hatte diese Puppe fast 15 Jahre lang, und dann war sie eines Tages verschwunden.

Es kann sehr tröstlich sein, zu wissen, dass wir eine Person nicht völlig verlieren. Wir können eine Verbindung mit denen, die uns nahegestanden haben, aufrechterhalten. Sie sind uns vielleicht nicht körperlich nahe, aber sie bleiben energetisch bei uns – und die Anzeichen dafür können sich auf ungewöhnliche Weise bemerkbar machen.

Letzte Weihnachten lud meine Schwester die ganze Familie zu sich nach Hause ein. Den Frauen in der Familie schenkte sie ein wunderschönes silbernes Armband mit einem Amulett in Form einer Taube und der Inschrift »Frieden 2009«. Wir alle liebten unsere Armbänder. Tragischerweise starb sie ein paar Monate später bei einem Skiunfall. Ihr Tod war für alle ein totaler Schock – und während wir das letzte Geschenk, das sie uns gemacht hatte, hochschätzten, wusste ich damals noch nicht, wie bedeutsam es werden sollte.

In den folgenden Wochen ertappte ich mich dabei, dass ich Gerichte kochte, die ich noch nie zuvor gekocht hatte. Aber es waren Rezepte, die meine Schwester zu nehmen pflegte, und dadurch fühlte ich mich mit ihr verbunden – so als ob sie für mich kochen würde. Eines Tages, als ich in der Küche meines Landhauses stand, sah ich zwei Tauben zusammen im Garten, und am nächsten Tag waren sie auch wieder da. Tief in mir spürte ich, dass dies meine Schwester und mein verstorbener Vater waren, und dadurch fühlte ich mich mit ihnen so verbunden und von ihrer Gegenwart getröstet.

Um diese Zeit herum erhielt ich einen Anruf von der Produzentin eines Films, an dem ich 15 Jahre zuvor mitgewirkt hatte. Sie teilte mir mit, dass sie noch immer den Preis habe, den ich als Schauspielerin in diesem Film gewonnen hatte. Und sie kam vorbei und brachte mir die Trophäe: Sie hatte die Form einer Taube – und nicht nur das, sondern darin war auch der Filmtitel eingraviert: »Sister, my Sister«. Ich konnte meinen Augen kaum glauben. Ich war verblüfft. Zugleich wusste ich, dass es meine Schwester war, die mir wieder eine Botschaft geschickt hatte. Durch Zusammenhänge wie diese weiß ich, dass meine Schwester noch immer bei mir ist, und ich kann die Botschaften erkennen, die sie mir zukommen lässt.

Diese unglaubliche Geschichte zeigt, dass wir Botschaften auf ungewöhnliche Weisen EMPFANGEN können. Wenn jemand diese Welt verlässt, bleibt seine Energie bei denen, die ihm am nächsten standen, auch wenn es eine andere Dimension ist. Der physische Körper kann zwar sterben, aber die Energie verschwindet nicht. Die von uns geliebten Menschen sind also in energetischer Form immer bei uns. Wir sollten diese Zeichen nicht ignorieren, weil sie real sind.

Auch Erinnerungen können energetische Verbindungen zu anderen Personen sein. Immer wenn wir also an jemanden denken, der verstorben ist, verbinden wir uns mit ihm. Das kann uns wirklich bei unserer Trauerarbeit helfen, da wir etwas Neues und Besonderes mit diesen Menschen erleben.

Meine beste Freundin war regelrecht von Federn besessen. Ihre Decken, Kissen und Polster waren immer mit Federn versehen – und ich musste immer über sie lachen, dass sie so ein begeisterter Fan von Federn war! Selbst eines der letzten Fotos von uns zusammen zeigt uns mit einer Federboa, die wir uns um den Hals gelegt hatten.

Leider starb sie vor drei Jahren an Krebs. Aber seit ihrem Tod habe ich oft Federn gefunden, die mich an sie erinnern. Manchmal scheint mein Haus voll von ihnen zu sein, und wann immer ich putze, finde ich sie an den merkwürdigsten Stellen verstreut herumliegen. Eine fand ich eines Tages sogar in der Tasche meiner Arbeitsuniform – und ein anderes Mal stieß ich auf eine in meinem Auto. Wann immer ich sie finde, lächele ich und fühle mich innerlich ganz warm. Ich weiß, das ist kein Anzeichen dafür, dass ich verrückt werde. Ich weiß, der Grund dafür ist, dass meine Freundin noch immer hier bei mir ist, und sie will, dass ich das weiß.

Auch wenn unsere verstorbenen Freunde körperlich nicht mehr da sind, können sie dennoch eine Rolle in unserem Leben spielen. Die nächste Geschichte zeigt, dass die Botschaften, die wir von jenen, die verschieden sind, EMPFANGEN, Dinge sein können, die sie uns mitteilen wollen. Sie behalten uns im Auge und wollen, dass es uns gut geht.

Mein Cousin starb im vergangenen Frühling, was unsere ganze Familie in einen Schockzustand versetzte. In den zwei Monaten bis zu seinem Dahinscheiden, als ich von seiner Krankheit wusste, hatte ich eine heftige Auseinandersetzung mit einer Bildhauerin, mit der ich meinen Atelierbereich teilte. Sie schikanierte und tyrannisierte mich in dem Maß, dass ich meinen Atelierbereich schon aufgeben wollte, aber dank aller anderen Künstler in dem Atelier, die mich unterstützten, entschied ich mich zu bleiben.

Mir war schon klar, dass ich in dieser Auseinandersetzung eine Rolle spielte, weil ich mich nie vor einem Streit scheue, aber leider blieb die Kommunikation zwischen uns eisig. In den Monaten, in denen sich diese Auseinandersetzung abspielte, kämpfte mein Cousin um sein Leben, und ich träumte wiederholt von Schmetterlingen.

Ein paar Tage vor dem Tod meines Cousins hatte ich wieder einen Traum. Dieses Mal flog eine ganze Kolonie von bunten Schmetterlingen in der Formation eines Koffers an mir vorbei. Es fühlte sich wie eine Botschaft von meinem Cousin an, der mir sagte, dass er bald auf Reisen gehen würde. Das Traumbild war so real, dass ich die Luft spüren konnte, die mir sanft übers Gesicht strich, als die Schmetterlinge vorbeizogen, bevor sie hinter einer großen weißen Wand verschwanden.

Am folgenden Tag unterhielt ich mich mit einer Freundin, die auf einem Hausboot auf der Themse lebt. Ich erzählte ihr von meinem Problem mit der Bildhauerin und meinem Traum von den Schmetterlingen. Sie riet mir, mein Ego zu überwinden und meiner früheren Freundin Blumen zu schenken, um reinen Tisch zu machen. Während wir uns über meinen Traum unterhielten, bemerkte sie einen goldbraunen Schmetterling, der im Inneren ihrer Veranda gefangen war. Wir bekamen beide eine Gänsehaut. Es war unheimlich, weil sie in den ganzen Jahren, seitdem sie auf diesem Boot lebte, nie einen Schmetterling im Inneren gesehen hatte. Sie öffnete das Fenster und ließ ihn fortfliegen.

Zehn Tage später, nach der Beerdigung meines Cousins, verbrachten mein Mann und ich eine Nacht in einem Hotel auf dem Weg zu Freunden, die wir in der Urlaubszeit besuchen wollten. Am nächsten Tag, als wir im Morgenzimmer frühstückten, fiel mir ein goldbrauner Schmetterling auf, der mit den Flügeln gegen das Oberfenster schlug. Wir standen auf und öffneten das Fenster, um ihn in die Freiheit zu entlassen.

Wochen später, nachdem wir von unserem Urlaub zurückgekehrt waren, nahm ich mit der Bildhauerin Kontakt auf, und wir vereinbarten, uns im Atelier zu treffen. Ich nahm einen Strauß pinkfarbener Rosen aus unserem Garten mit und schrieb ein Gedicht über einen Steinengel, den ich ihr vor einiger Zeit gekauft hatte. Nachdem sie das Gedicht gelesen hatte, weinte sie. Wir umarmten uns und begruben unseren Streit, und wie aus dem Nichts flog ein goldbrauner Schmetterling um uns herum. Die Bildhauerin öffnete das Fenster, und als wir zusahen, wir er um die Ecke verschwand, überkam mich ein Frösteln.

Während ich nun diese Zeilen schreibe, läuft mir ein Schauer die ganze linke Körperseite hinab, als ob meine Seele berührt würde. Ich bin davon überzeugt, dass die Schmetterlinge eine Botschaft von meinem Cousin waren. Wie ich schreckte er nie vor einer großen Auseinandersetzung zurück. Aber jetzt scheint er mir sagen zu wollen, dass das Leben für Streitereien zu kurz sei und dass wir alle versuchen sollten, unsere Differenzen hintanzustellen und einander und uns selbst zu vergeben. Seine Botschaft scheint zu sein, dass wir durch Verzeihen Frieden in unseren Herzen finden werden. Witzigerweise habe ich nach dem dritten Schmetterling keinen einzigen mehr gesehen.

Um sich mit denen, die Sie verloren haben, zu verbinden, müssen Sie sich im Zustand der NEUTRALITÄT befinden. Nehmen Sie sich vor, Kontakt mit der Person herzustellen, und SENDEN Sie ihr eine energetische Botschaft. Sie ist da, also wird sie sie auch EMPFANGEN.

Kürzlich starb mein Vater an Krebs, und an dem Tag, als er starb, aßen mein Mann und ich gemeinsam zu Abend und sprachen über ihn. Am Tag zuvor hatten wir eine neue Lampe für unser Sideboard gekauft. Beim Essen fielen mir Geschichten ein, die ich über Leute gehört hatte, die nach ihrem Dahinscheiden mit den Hinterbliebenen kommuniziert hatten. Ich dachte an meinen Vater und sagte zu meinem Mann, dass ich mich fragen würde, was passieren würde, wenn er mit uns »reden« wollte. Ich meinte, dass er vielleicht unsere neue Lampe beschädigen könnte. Eine Minute später klickte die Lampe und ging aus. Die Birne war kaputt, und auch nachdem wir sie ausgetauscht hatten, funktionierte die Lampe nicht mehr. Sie hat seitdem auch nicht mehr funktioniert.
Ich konnte es nicht glauben, und ein Teil von mir denkt immer noch, dass es Zufall war. Aber tief in uns hegten mein Mann und ich den Gedanken, dass mein Vater dahintersteckte. Er wollte uns wissen lassen, dass er noch immer da war.

Obwohl diese Dame noch immer versucht war, diesen Zwischenfall als Zufall abzutun, so wusste sie doch, dass er zu bedeutungsvoll war, um einfach nur eine Koinzidenz zu sein. Sie wollte mit ihrem Vater kommunizieren, aber da sie nichts erwartete, SCHICKTE ihr Vater ihr eine Botschaft zurück.

Einen Verlust bewältigen

Wenn jemand, mit dem Sie viele Jahre lang verbunden waren, vielleicht sogar Ihr ganzes Leben, dahinscheidet, wird Ihnen das sehr viel Schmerz bereiten, vor allem wenn der Tod auf sehr tragische Weise oder plötzlich erfolgte. Es ist also ganz natürlich, zu trauern, und es ist auch ganz natürlich, den Verlust der physischen Anwesenheit dieser Person zu spüren. Aber wenn Sie sich schwertun, weiterzugehen, und sich nur mit Ihrem Verlust beschäftigen, können Sie sich selbst und die Menschen um Sie herum zerstören. Sie müssen Ihr Leben neu aufbauen und Ihre Aufmerksamkeit auf die Menschen richten, die nach wie vor körperlich bei Ihnen sind. Die Personen, die Sie verloren haben, wollen nicht, dass Sie leiden. Sie wollen, dass Sie glücklich sind, dass Sie einen Weg aus Ihrem Schmerz finden und der Zukunft entgegensehen.

Im Gegensatz zu anderen Bereichen des Lebens, in denen wir nach dem Positiven Ausschau halten können, um uns zur NEUTRALITÄT zu verhelfen, ist es für gewöhnlich schwierig und unangemessen, dies zu tun, wenn es darum geht, mit dem Verlust einer geliebten Person fertigzuwerden. Vielmehr müssen Sie an die Menschen denken, die Sie lieben und die Sie brauchen, und sich um sie kümmern.

Die nächste Geschichte zeigt, wie zerstörerisch sich ein Verlust auswirken kann, wenn Sie das, was Ihnen im Leben geblieben ist, aus den Augen verlieren.

Eine Freundin von mir verlor ihre Tochter im Teenageralter, die an Meningitis erkrankt war. Ihrer Tochter war anfangs übel gewesen, und sie hatte an Kopfschmerzen gelitten. Sie ging ins Krankenhaus und wurde dann nach der Untersuchung mit Entwarnung nach Hause geschickt. Das war ein schrecklicher Irrtum, und tragischerweise starb sie.

Verständlicherweise fiel es ihrer Mutter unglaublich schwer, damit fertigzuwerden. Sie begann, Antidepressiva zu nehmen, und verlor jeden Lebenswillen. Es dauerte mehrere Jahre, bis sie erkannte, dass sie den Verlust hinter sich lassen musste, weil sie nicht nur sich selbst zerstörte, sondern auch ihren Sohn, ihren Mann und andere Familienmitglieder. Sie hatte das Gefühl, dass ihr nichts im Leben geblieben war, und musste also erst erkennen, dass sie noch so viel hatte, wofür es sich zu leben lohnte. Da waren Menschen, die nach wie vor in ihrem Leben waren, und sie durfte sie nicht im Stich lassen.

Indem sie ihre Aufmerksamkeit von ihrer Trauer weglenkte, war diese Frau imstande, sich selbst und ihrer Familie zu helfen und den Tod ihrer Tochter hinter sich zu lassen.

Bei mir war es so, dass ich durch den Verlust meiner Mutter zwar völlig am Boden zerstört war, aber nach dem anfänglichen Schock richtete ich meine Aufmerksamkeit auf andere Dinge. Zusammen mit meinen Brüdern widmete ich mich der Betreuung meines Vaters und nahm außerdem den Platz meiner Mutter als Hausfrau ein.

Manche machen die Erfahrung, dass sie die schwierigste Phase ihrer Trauer besser überwinden, indem sie ihre Energie dafür einsetzen, anderen Menschen auf eine Weise zu helfen, die mit ihrem Verlust im Zusammenhang steht, beispielsweise indem sie eine Wohltätigkeitsorganisation oder Stiftung gründen, um Geld für eine bedeutsame Sache zu sammeln.

Wenn Sie trauern, sollten Sie mit Freunden reden, sich auf Ihren Job konzentrieren und sich um die Menschen kümmern, die Ihnen im Leben geblieben sind. Es ist auch hilfreich, Ihre Geschichte des Verlustes mit anderen zu teilen, da es Sie erkennen lassen wird, dass der Tod ein natürlicher Bestandteil des Kreislaufs des Lebens ist und dass wir alle irgendwann sterben werden.

Sie wissen bereits, wie man sich verbindet

Wenn Sie jemals mit dem Verlust einer Person, die Sie liebten oder die Ihnen etwas bedeutete, fertigwerden mussten, hoffe ich, dass Sie jetzt einsehen können, dass diese Person noch immer bei Ihnen ist. Ihre Energie existiert nach wie vor, und sie kann Ihnen durchaus Zeichen SENDEN, dass es ihr gut geht – ob es sich bei diesen Zeichen nun um Tauben, Federn oder Feen handelt. Vielleicht spüren Sie bereits ihre energetische Verbindung, sodass Sie sich jetzt hoffentlich so weit zuversichtlich fühlen, um auf die Botschaften zu achten, die Sie EMPFANGEN. Ich weiß, dass Menschen großen Trost in diesem Wissen finden, und ich hoffe, dass das auch auf Sie zutrifft, falls Sie einen geliebten Menschen verloren haben.

Teil 2
Energie in der Praxis

8

Die Leichtigkeit glücklicher Erinnerungen

Der zweite Teil dieses Buches beschäftigt sich mit den Möglichkeiten, die Ihnen zur Verfügung stehen, um auf Ihre Selbstheilungskräfte zuzugreifen. Dieses Kapitel konzentriert sich darauf, Ihnen zu der Erkenntnis zu verhelfen, dass Sie die Fähigkeit besitzen, sich unbeschwert und glücklich zu fühlen, wann immer Sie das möchten. Das ist Ihnen jederzeit möglich – durch Ihr Tun, Ihre Gedanken und die Menschen, mit denen Sie Ihre Zeit verbringen. Sie können diese Leichtigkeit auch erreichen, indem Sie an glückliche Zeiten zurückdenken. Dadurch, dass Sie Ihre Erinnerungen kontrollieren und steuern, können Sie ein Lächeln auf Ihre Lippen zaubern, wann immer Sie wollen, und einen Ort der Sicherheit und des Trostes finden, wann immer Sie sich gestresst fühlen.

Wenn Sie gedanklich in Ihre Vergangenheit reisen und die besten Zeiten Ihres Lebens wieder aufleben lassen, werden Sie sich in einem NEUTRALEN Zustand wiederfinden, und auch Ihre energetische Frequenz wird sich an diesen positiven Ort verlagern, sobald Sie ihn in den gegenwärtigen Augenblick zurückholen. Die Energie dieser Situation ist *immer* in Ihrem Gedächtnis, und wenn Sie sich Ihren glücklichen Erinnerungen zuwenden, können Sie deren Frequenz in die Gegenwart holen und sie wiederaufleben lassen. Und das wiederum wird Ihnen helfen, sich zu stärken und sich zu heilen. Viele dieser Erinnerungen werden wohl aus Ihrer Kindheit stammen, einer Zeit, in der die meisten frei von Sorgen sind und ihre Zeit damit verbringen, zu spielen, Spaß zu haben und umsorgt zu werden.

Aber wahrscheinlich werden Sie auch glückliche Erinnerungen an andere Zeiten in Ihrem Leben haben, als Sie mit geliebten Menschen zusammen waren, Spaß hatten, lachten und draußen in der Natur waren.

Kürzlich hatte ich das Glück, eine meiner schönsten Kindheitserinnerungen wieder aufleben zu lassen. Als ich ein kleines Mädchen in Sarajewo war, wohnte neben uns eine Familie, die zwei Mädchen und zwei Jungen hatte. Meine Brüder und ich pflegten mit ihnen zu spielen, und wir alle kamen wirklich gut miteinander aus. Eines unserer Lieblingsspiele war, Schlammkuchen in leeren Schuhcremedosen zu backen. Wir verzierten sie mit Blumen, die wir im Garten gepflückt hatten, und konnten uns stundenlang mit derlei Spielen beschäftigen. Dann zog meine Familie um, später verließ ich das Land, und so blieben wir im Laufe der Zeit nur noch telefonisch miteinander in Kontakt. Später dann, nach dem Ende des Krieges in meinem Land, hörte ich, dass diese Familie nach Neuseeland ausgewandert sei, und schließlich brach der Kontakt ganz ab.

Im letzten Jahr fuhr ich für zwei Wochen nach Neuseeland, um einige Praxen zu leiten, und fragte meinen Vater, ob er oder jemand anders noch in Kontakt mit dieser Familie stehe, was er verneinte. Nach meiner Ankunft auf der Südinsel beschloss ich, sie zu googeln. Doch meine Suche führte zu keinen Ergebnissen. Ein paar Tage später rief mein Vater an und erzählte mir, dass er zu Hause eine Schublade zum ersten Mal seit sehr langer Zeit geöffnet habe, dabei sei er auf einen Brief von dieser Familie gestoßen, die ihn 15 Jahre zuvor geschickt hatte. Und nun wusste er, dass sie in Auckland lebten.

Wie Sie sehen können, kamen die Dinge in dem Augenblick, in dem ich es mir in den Kopf gesetzt hatte, diese Freunde zu finden, ins Rollen. Ich begann, Botschaften über ihren Verbleib zu SENDEN und zu EMPFANGEN, und es zeigte sich, dass die Zeit dafür perfekt war ...

Ich erzählte der Person, bei der ich mich in Neuseeland aufhielt, dass diese Familie in Auckland lebte, und sie meinte, dass sie ihren Namen geändert haben könnte. Ihr Name endet mit »ic« wie meiner, aber da dies im Englischen »ich« ausgesprochen wird, hatte sie möglicherweise die Orthografie geändert. Wir starteten eine neue Suche nach ihnen mit geänderter Schreibweise – und fanden eine Telefonnummer. Ich probierte die Nummer aus. Und es war die richtige! Ich konnte es nicht fassen.

Wir waren alle so aufgeregt! Sie erzählten, dass sie in den paar Wochen vor meinem Anruf in Erinnerungen geschwelgt und über mich geredet hätten – das lag vermutlich daran, weil ich ihnen bereits die Botschaft GESENDET hatte, mich zu finden. Sie hatten auch mich gegoogelt, meine Website gefunden und daran gedacht, Kontakt aufzunehmen. Ich sagte ihnen, dass ich schon bald Auckland verlassen müsse, aber am nächsten Tag für zwei Stunden am Flughafen sei. Wie durch einen Zauber wollten sie genau zur selben Zeit am Flughafen sein, um dort einen Freund zu treffen, der von einer Reise heimkehrte. Und so vereinbarten wir ein Treffen.

Ich hatte diese Freunde seit 35 Jahren nicht mehr gesehen, aber sie sahen genauso aus wie damals, als sie noch Kinder waren – na ja, ein bisschen älter! Wir plauderten über unsere Schlammkuchen und all die tollen Zeiten, die wir gemeinsam erlebt hatten. Wir konnten es kaum erwarten, zu jenen glücklichen Tagen zurückzukehren, bevor in unserem Land der Krieg ausbrach. Wir hatten auch viel zu erzählen über die Jahre, die dazwischen vergangen waren. Es stellte sich heraus, dass eine der Frauen einen Sohn hatte, der denselben Namen wie mein Sohn trug. Ihre Kinder verhielten sich so, als würden sie mich kennen, und wir teilten eine unglaubliche Energie miteinander. Wir alle fühlten uns außergewöhnlich, und die Luft um uns herum schwirrte förmlich.

Gemeinsam kehrten wir in die Vergangenheit zurück und bewegten uns in dieser Energie. Das Ergebnis war eine sehr emotionale Begegnung, und wir hatten nun eine weitere großartige Erinnerung, auf die wir zurückblicken konnten.

Dies war eine der besten energetischen Erfahrungen, die ich je gemacht habe, und ich war noch monatelang danach von dieser positiven Energie beseelt. Selbst als ich darüber schrieb, fühlte ich mich aufs Neue fantastisch. Koinzidenzen wie diese dürfen nicht ignoriert werden, denn sie sind mehr als bloße Zufälle: Die Zeichen in dieser ganzen Geschichte bewiesen, dass wir energetisch alle in Kontakt miteinander standen, bevor wir uns tatsächlich persönlich begegneten.

Auch wenn Sie lange verschollene Freunde nicht auf diese Weise wiederfinden, so haben Sie doch derartige Erinnerungen, auf die Sie jederzeit zurückgreifen können. Erinnerungen, bei denen Ihnen warm ums Herz wird. Erinnerungen, durch die Sie sich unbeschwert und glücklich fühlen. Wenn Sie zu diesen Zeiten zurückkehren, greifen Sie nicht nur auf die Erinnerung in Ihrem Gedächtnis zu, sondern auch auf die Frequenz dieser Erinnerung. Sie ist immer da, und *Sie wissen bereits*, wie man sie abruft – Sie müssen sich vielleicht einfach nur bewusster werden, was Sie tun, wenn das geschieht.

Wie Sie Ihre Erinnerungen wieder beleben

Jeder von uns erinnert sich auf unterschiedliche Weise an Dinge, und darüber hinaus verschlüsseln wir unsere Erinnerungen, wobei wir auf unsere Sinneserfahrungen setzen. Weil Erinnerungen persönlich sind, werde ich Sie durch die verschiedenen Arten von Erinnerungen führen, die Sie haben können, mit den entsprechenden Sinnen als Auslöseimpulsen. Dadurch wird es Ihnen leichterfallen, sich zu erinnern und Ihre eigenen glücklichen Erinnerungen wieder zu beleben.

Viele von uns nehmen ihre Erinnerungen als visuelle Aufzeichnungen der Vergangenheit wahr. Fotos sind allesamt Erweiterungen Ihrer Energie, und weil Sie normalerweise nur Fotos machen, wenn Sie glücklich sind, stellen sie eine schnelle Möglichkeit für Sie dar, sich mit den positiven Momenten in Ihrem Leben zu verbinden – den Menschen, Plätzen und Ereignissen. Auch wenn Sie alte Freunde besuchen oder Orte aus Ihrer Vergangenheit, etwa ein früheres Zuhause oder eine alte Schule, werden Ihnen die guten Zeiten und die gute Energie wieder einfallen.

Meiner Meinung nach ist eine der effektivsten Möglichkeiten, die wir nutzen können, damit sich unsere Energie auf eine positivere Frequenz verlagert, wenn wir uns an die Zeiten erinnern, die wir draußen verbracht haben. Es gibt so viele wunderschöne natürliche Anblicke wie Berge, Klippen, die Weiten des Ozeans, Fjorde und mächtige Flüsse, die uns erkennen lassen können, welch winzig kleiner Teil der Welt wir doch eigentlich sind. Durch das Vergegenwärtigen solcher Zeiten können wir auch einen Ausgleich für die Zeiträume schaffen, die wir am Computer und am Telefon verbringen, mit Dingen beschäftigt, die »unnatürlich« sind.

Auch Musik ist ein großartiger Auslöseimpuls für Erinnerungen. Spezielle Lieder und Musikstücke können uns zum Lächeln oder gar zum Lachen bringen. Wenn Sie etwa einem Lied aus alten Zeiten lauschen, werden Sie sich zurückrufen können, mit wem Sie zusammen waren, wo Sie waren und was zu jener Zeit um Sie herum geschah. Wegen der mächtigen Energie, die ihr eigen ist, kann Musik oft auch als Ablenkung in schweren Zeiten dienen, wie etwa in Zeiten des Krieges und von Auseinandersetzungen.

Speisen sind ebenfalls eine fantastische Gedächtnisstütze, und Erinnerungen können sowohl durch den Geschmacks- als auch durch den Geruchssinn ausgelöst werden. Es gibt sicher bestimmte Speisen, die Sie früher gegessen haben oder die Ihnen jemand zubereitet hat, und wenn Sie sich diese zubereiten oder wieder essen, werden Sie damit einhergehende geschätzte Erinnerungen wieder beleben. Eine meiner stärksten Erinnerungen ans Essen aus meiner Kindheit betrifft die Backkünste meiner Mutter. Sie war eine fabelhafte Köchin, und ich habe lebhafte Erinnerungen daran, wie unsere Familie sich um den Küchentisch versammelte. Sie backte das köstlichste Mohnbrot und die weichsten Donuts in allen Formen und Größen. Ich kann sie noch immer riechen und ihre wohltuende Konsistenz in meinem Mund spüren. Ihr Duft empfing mich, wenn ich von der Schule nach Hause kam, und ich konnte es kaum erwarten, meine Hände zu waschen und am Tisch zu sitzen. Wann immer ich heute Trost brauche, denke ich an den süßen Duft von Hefe und die Wärme der Küche zurück: Die Erinnerung mutet wie eine weiche Decke an.

Andere Gerüche und Düfte, die vielleicht Erinnerungen bei Ihnen heraufbeschwören: der Geruch der See, das Parfum oder Aftershave einer bestimmten Person, Babylotion, frischer Kaffee oder der Duft eines Kuchens, der gerade aus dem Ofen kommt.

Manchmal ist es auch wichtig, nochmals auf Erinnerungen zurückzukommen, um sie aus einem anderen Blickwinkel zu betrachten. In der Kindheit geschehen uns manchmal Dinge, die wir zu der Zeit nicht verstehen können. Aber wenn wir als Erwachsene darauf zurückblicken, erkennen wir, dass es sich anders verhielt, als wir damals dachten. In solch einem Fall können wir diese Erinnerung mit anderen Augen sehen und ihre Energie verändern.

Beispielsweise weiß ich noch, wie ich als kleines Mädchen zum Haus meiner Cousins und Cousinen ging, um mit ihnen zu spielen. Mein Onkel hatte für uns alle Geschenke gekauft, um uns eine Freude zu machen, und wir acht Kinder rannten zu ihm hin, um sie uns zu holen. Aber es gab nicht genügend Geschenke für alle, und ich war diejenige, die leer ausging. Ich war so aufgebracht, dass ich als Einzige nichts Besonderes zum Spielen hatte, und konnte nicht begreifen, warum ich ausgeschlossen worden war. Diese Erinnerung blieb mir jahrelang haften, und jedes Mal regte ich mich auf, wenn ich vergessen oder außen vor gelassen wurde, da es mich an diesen einen Tag erinnerte, an dem ich kein Geschenk bekommen hatte. Aber als ich als Erwachsene auf diese Situation zurückblickte, konnte ich einsehen, dass mein Onkel es überhaupt nicht darauf angelegt hatte. Vermutlich hatte er nicht richtig gezählt, und bloß weil ich als Letzte zu ihm hingelaufen war, hatte ich kein Spielzeug bekommen. Für das kleine Mädchen, das ich damals war, bedeutete das natürlich den Weltuntergang.

Wenn ich später im Erwachsenenleben nicht als rationale Beobachterin darauf zurückgeblickt hätte, dann hätte ich mich in jeder Situation, in der ich das Gefühl gehabt hätte, leer auszugehen, äußerst verletzbar machen können. Aber jetzt kann ich an dieses Ereignis zurückdenken, es rational erklären und sogar darüber lachen.

Sie sind dafür verantwortlich, wie Sie sich fühlen

Sie wissen bereits mehr, als Sie vielleicht denken, weil Sie die meiste Zeit Ihres Lebens Erinnerungen benutzen, um die Qualität Ihrer Gefühle zu verändern. Vielleicht ist Ihnen das einfach noch nicht klar gewesen – oder warum es etwas daran ändert, wie Sie sich fühlen. Vielleicht haben Sie auch nicht nur an positive Erinnerungen zurückgedacht, sondern auch an negative – und hoffentlich werden Sie jetzt erkennen können, was Sie tun, und die richtige Entscheidung treffen. Dadurch, dass Sie sich ein paar Minuten zum Tagträumen nehmen, können Sie jederzeit auf Ihre Frequenz und die Qualität Ihrer Gefühle Einfluss nehmen. Sie können in die Vergangenheit treten und die Leichtigkeit glücklicher Erinnerungen wiederbeleben, wann immer Sie wollen – und die schlechten Erinnerungen LÖSCHEN.

Ich beende dieses Kapitel mit einer besonders herzerwärmenden Geschichte darüber, wie Sie in jedem Abschnitt Ihres Lebens die Frequenz positiver Erinnerungen nutzen können, um die Qualität Ihrer Gefühle zu verändern:

Mein Mann und ich hatten beschlossen, seine Mutter und meinen Vater mit in den Urlaub zu nehmen. Zu der Zeit war mein Vater 86 Jahre alt und meine Schwiegermutter 90, und für beide stellte diese Urlaubsreise eine große Herausforderung dar. Es ist nicht ungewöhnlich, dass Menschen im hohen Alter Angst davor haben, die Sicherheit ihrer vertrauten Umgebung und ihrer gewohnten Abläufe im Alltag aufzugeben: Ihre Welt schrumpft, und der Gedanke daran, zu verreisen und sich neue Gewohnheiten anzueignen, selbst wenn es nur für ein paar Wochen ist, kann durchaus beunruhigend sein. Aber es gelang uns, sie zu überzeugen, dass es eine gute Sache sei, und in den ersten paar Tagen halfen wir ihnen unentwegt dabei, sich einzuleben. Wir zeigten ihnen, dass sie, auch wenn sie an einem fremden Ort waren, trotzdem alles hatten, was sie brauchten. Und wir achteten darauf, sie gut zu umsorgen. Als sie sich gut zurechtfanden, luden wir den Rest unserer Familien zu uns ein – unsere Brüder und Schwestern und deren Kinder – weil wir dachten, dass es für uns alle wunderschön wäre, Zeit zusammen zu verbringen.

Ein paar Tage später zogen wir alle zum Swimmingpool los, und mein Vater beschloss, es mal mit dem Schwimmen zu versuchen. Aufgrund eines Unfalls viele Jahre zuvor und der Tatsache, dass er sehr alt ist, fällt ihm das Laufen schwer. Es war für ihn also eine große Anstrengung. Aber kaum war er im Wasser, war alles kein Problem mehr. Er konnte wirklich gut schwimmen, weil das Wasser ihn trug. Er sah so glücklich aus, frei zu sein und sich stark zu fühlen, und er begann sich daran zu erinnern, wie er sich früher, in jüngeren Jahren, gefühlt hatte.

Nun, da sein Selbstvertrauen gestärkt war und die Energie seiner alten Erinnerungen ihn antrieb, verspürte er den Wunsch, auch noch zu tauchen. Wir waren uns nicht sicher, ob er dies zustande bringen würde. Aber er überraschte uns alle, denn er schwamm die ganze Länge des Pools (etwa 15 Meter) unter Wasser. Wir waren fassungslos und so glücklich – und er natürlich auch. Alle begannen zu klatschen und zu lachen.

In dieser ganzen Aufregung hatte niemand von uns bemerkt, dass meine Schwiegermutter auf einmal verschwunden war. Ein paar Minuten später tauchte sie im Badeanzug wieder auf, den sie seit 60 Jahren nicht mehr getragen hatte: Sie hatte beschlossen, es auch mal mit dem Schwimmen zu probieren! Sie fing ganz langsam an und wurde dann kraftvoller und zuversichtlicher, und schon bald sahen die beiden jung und glücklich aus. Kameras blitzten auf, während wir sie anfeuerten – und kurz darauf tranken wir Champagner, um ihre Leistungen zu feiern. Dann sprang der Rest von uns in den Pool, und wir alle führten uns auf wie Kinder. Wir planschten und lachten und warfen einen Ball herum – es war eine außergewöhnliche Atmosphäre.

Nicht nur an diesem Tag, sondern auch im restlichen Urlaub erlebten wir die wunderbarste Energie. Unsere Eltern gingen mit uns jeden Abend bis spät in die Nacht hinein aus und hatten so viel Energie. Alles fühlte sich einfach richtig an, und ich fühlte mich so lebendig und glücklich – als ob ich alles tun könnte, was ich nur wollte.

9

Sie und Ihre Beziehungen

Zu den wichtigsten Dingen in unserem Leben zählen die Beziehungen mit Freunden, der Familie und dem Partner. Diese Beziehungen werden durch energetische Verbindungen hervorgerufen, und daher können all unsere Anliegen in Bezug auf Beziehungen – wie wir sie anziehen, wie wir sie verbessern und wie wir solche, die wir nicht mehr haben wollen, beenden – in Angriff genommen werden, indem wir uns der Botschaften, die wir SENDEN und EMPFANGEN, bewusst werden. Wenn Sie imstande sind zu durchschauen, was bereits zwischen Ihnen und anderen Menschen abläuft, können Sie sich vor Energien schützen, die Ihnen nicht guttun, und Menschen mit der richtigen Energie anziehen.

Die Energie von Freundschaft

Der Grund dafür, warum wir davon angezogen werden, Zeit mit bestimmten Menschen zu verbringen, ist nicht einfach der, dass wir zusammenpassen oder gleiche Interessen oder andere Gemeinsamkeiten haben – echte dauerhafte Freundschaften basieren auf zwei Menschen, die eine ähnliche Frequenz miteinander teilen.

Beispielsweise habe ich eine Freundin, die ich nur einmal im Jahr sehe. Aber wenn wir uns treffen, dann holen wir uns dort ab, wo wir beim letzten Mal stehen geblieben waren, und es ist so, als ob wir uns erst am Tag zuvor getroffen hätten. Einmal war es etwa ein Jahr her gewesen, dass wir Kontakt miteinander hatten, und auf einmal verspürte ich das Verlangen, sie anzurufen. Tagelang passierte so viel, dass ich nicht dazu kam, mich bei ihr zu melden. Dann ging ich zum Mittagessen in ein Restaurant, das ich nur gelegentlich aufsuche. Gerade als ich diese Freundin anrufen wollte, blickte ich auf, nur um zu sehen, wie sie vor mir stand! Ich konnte es nicht glauben, und auch sie schaute fassungslos drein! Es war nicht nur so, dass sie dort stand, sondern sie erzählte mir auch noch, dass sie mich wirklich treffen wollte, um mit mir etwas zu besprechen – und wie durch einen Zauber war ich gleich zur Stelle.

Vielleicht denken Sie jetzt, dass es einfach undenkbar sei, dass sowohl meine Freundin als auch ich versucht hatten, uns zur gleichen Zeit zu finden, obwohl wir doch so lange keinen Kontakt mehr hatten. Aber auf energetischer Ebene war es so, dass wir uns gegenseitig Botschaften darüber SENDETEN, wo wir uns aufhalten würden, und so wurden wir unbewusst zu demselben Ort hingezogen, ohne den Grund dafür zu wissen, bis wir dort ankamen.

Die folgende Geschichte handelt auch von dieser Art von Kommunikation. Sie wurde mir nach einer meiner weltweiten Fernheilungssitzungen per E-Mail geschickt:

Seit zwei Jahren leide ich sehr an Meningoenzephalitis, und an diesem Abend um 19.20 Uhr hatte ich den wirklich starken Drang, mich aufs Bett zu legen. Ich wusste nicht, warum, ich wusste nur, dass ich es tun musste. Ich lag eine halbe Stunde da und visualisierte, wie meine Gehirnentzündung abheilte und ich mich stärker fühlte. Als ich aufstand, ging es mir sehr viel besser.

Als ich wieder nach unten ging, sah ich am Anrufbeantworter, dass ich drei Anrufe von einem wirklich engen Freund erhalten hatte. Ich hörte seine Nachrichten ab, und er hatte angerufen, um mich zu informieren, dass Sekas halbstündige Fernheilungssitzung um 19.20 Uhr beginnen würde. Er sagte mir, dass ich daran teilnehmen müsse. Obwohl ich seine Anrufe nicht beantwortet hatte, war seine Botschaft trotzdem bei mir angekommen.

Das ist meiner Meinung nach ein unglaubliches Beispiel dafür, wie wir Botschaften SENDEN und EMPFANGEN. Der Freund dieses Mannes musste nicht mit ihm telefonieren, weil er, einfach nur indem er daran dachte, bereits die Botschaft GESENDET hatte. Ohne sich dessen bewusst zu sein, hatte sein Freund sie EMPFANGEN und entsprechend reagiert.

Wenn wir also alle auf das Super-Unterbewusstsein zugreifen könnten, wären wir vielleicht gar nicht mehr auf ein Telefon angewiesen!

Die folgende Geschichte zeigt, wie wir auch durch Objekte kommunizieren können, die eine Erweiterung unserer Energie sind – und wie diese Energie mit der Frequenz, die wir mit unseren Freunden und unserer Familie teilen, zusammenspielt.

Letzte Woche staubte ich eine Nippfigur ab, die mir eine Freundin geschenkt hatte. Ich dachte gerade an sie und an all die guten Zeiten, die wir miteinander verlebt hatten, und als ich sie wieder zurück aufs Regal stellte, klingelte das Telefon. Es war meine Freundin! Wir hatten seit Wochen keinen Kontakt mehr gehabt. Wir lachten über die Geschichte, und sie nennt diese Nippfigur jetzt meine »Zauberlampe«. Sie sagt, dass ich, immer wenn ich mit ihr reden will, sie einfach nur abzustauben bräuchte, und sie würde dann anrufen.

Diese Frau dachte an ihre Freundin und SENDETE dadurch eine Botschaft an sie, sich bei ihr zu melden. Ihre Freundin fing die Botschaft auf und rief an.

Manchmal können sich diese energetischen Verbindungen auch in Gruppen von Freunden abspielen, die einander nahestehen. Eines Abends dachte ich an eine Freundin von mir, die ihre Schwester ganz plötzlich verloren hatte. Ich machte mir Sorgen um sie, wie sie damit zurechtkam. Genau in dem Augenblick, in dem ich über sie nachdachte, erhielt ich eine SMS von ihr, in der sie mir mitteilte, dass sie zu einer Behandlung kommen wollte.

Nachdem ich sie behandelt hatte, fragte sie mich, ob ich auch ihrer Mutter einen Termin geben könne. Ich antwortete: »Natürlich«, und wir gingen in den Warteraum. In diesem Augenblick sagte meine Sekretärin zu meiner Freundin: »Sie werden es nicht glauben! Ihre Mutter hat gerade angerufen, um einen Termin für Sie zu machen, aber ich sagte ihr, dass Sie gerade bei Seka sind.«

Auch wenn dies einfach nur eine Serie von Koinzidenzen zu sein scheint, so war da mehr als bloßer Zufall am Wirken. Ich habe beispielsweise eine sehr enge Bindung zu meinem Vater, und wir kommunizieren oft über unsere gemeinsame Energie. Er weiß sogar, wenn ich in Schwierigkeiten stecke. Einmal beispielsweise war ich unterwegs zu einer Hochzeit auf Mallorca, aber wegen eines Missverständnisses bei der Einreise landete ich im Gefängnis. Ich weiß noch, dass ich wirklich wütend war, aber auch eingeschüchtert und verwirrt. Stundenlang musste ich in einer kleinen Zelle verbringen – und ich konnte absolut nichts dagegen unternehmen. Ich beschloss, die Zeitung zu lesen, um mich von dieser unangenehmen Situation abzulenken. Das Wasser und das Essen, das sie mir anboten, lehnte ich ab – aus Protest gegen die schlechte Behandlung. Ich hätte überhaupt nicht da sein sollen und ich wollte nichts von ihnen annehmen. Ich war entsetzt. Ich hatte Angst und keine Ahnung, was mit mir geschehen würde.

Nach stundenlangem Warten wurde ich freigelassen, das Missverständnis hatte sich aufgelöst. Später, als ich meiner Familie von diesem schrecklichen Ereignis berichtete, stellte sich heraus, dass mein Vater meine Angst und Frustration gespürt und die ganze Zeit über, als ich im Gefängnis gewesen war, versucht hatte, mich zu erreichen. Er hatte sich wirklich Sorgen um mich gemacht, aber keine Ahnung gehabt, warum. Er hatte einfach gespürt, dass mit mir etwas geschehen war.

Es war außergewöhnlich, dass mein Vater meine Emotionen aus so weiter Ferne spüren konnte. Aber ich SENDETE meine Angst, und er fing dieses Signal auf, weil er der Mensch ist, der meiner Frequenz am nächsten steht.

Kürzlich spielte ich in einer anderen energetischen Dreiecksbeziehung mit, die sich über den Globus spannte. Darüber berichtet im Folgenden meine Freundin:

Ich traf mich in London mit einer Freundin zum ersten Mal, seit wir uns einen Monat zuvor in Mexiko begegnet waren. Wir waren beide aufgeregt und plauderten, bis sie plötzlich erwähnte, dass sie vor Jahren eine Heilerin kennengelernt habe, sich aber nicht mehr an den Namen erinnern könne. Sie sagte: »Er beginnt mit S, und ihr Nachname ist ›Nikola‹ oder so ähnlich, aber ich kann mich nicht mehr daran erinnern.« Ich sagte sofort: »Meinst du Seka Nikolic?« Und sie antwortete: »Ja!« Als ich ihr erzählte, dass Seka meine beste Freundin sei, war sie derart hin und weg, dass sie in Tränen ausbrach und meinte:» Ich kann es nicht fassen. Vor vielen Jahren war sie meinem Sohn eine sehr große Hilfe. Sie ist die beste Heilerin, der ich je begegnet bin. Ich wollte sie wirklich wiederfinden.« Sie war so überwältigt, dass auch ich zu weinen anfing. Das war wirklich ein ganz besonderer Augenblick.

Am nächsten Tag rief ich Seka an, um ihr davon zu erzählen und einen Termin für diese Freundin zu vereinbaren. Später fand ich heraus, dass zu der Zeit, als ich eine Nachricht auf ihrem Handy hinterließ, Seka ihre Sekretärin bat, einer anderen Patientin meine Telefonnummer zu geben, die bei mir Tai-Chi lernen wollte. Und genau in diesem Augenblick erhielt Sekas Sekretärin eine E-Mail von der Freundin, die ich in Mexiko kennengelernt hatte. Inzwischen hatte sie Seka auf eigene Faust ausfindig gemacht! So kam alles in ein und derselben Sekunde zusammen.

Solche Geschichten sollten wir nicht ignorieren. Es ist wichtig, ihnen Aufmerksamkeit zu schenken, um uns selbst zu bestätigen, dass wir die Macht unserer Energie bereits die ganze Zeit über einsetzen.

Ich liebe diese Art von Geschichten und erinnere mich an alle, die mir widerfahren sind. Wenngleich ich an diese Art der Kommunikation gewohnt bin, so erstaunte mich doch diese Kette von Ereignissen. Diese Frau hatte fast zwanzig Jahre lang versucht, sich an meinen Namen zu erinnern und mich ausfindig zu machen, und fand mich schließlich durch meine beste Freundin, die eine Erweiterung meiner Energie ist. Sie folgte dieser Energie sogar nach Mexiko, wo sie meine Freundin kennenlernte – und nach diesem ganzen Herumreisen in der Weltgeschichte vereinigten sich unsere Energien binnen einer Minute in meiner Praxis.

Diese Geschichte zeigt, dass Sie, wenn Sie Ihre Absicht festlegen und Ihre Frequenz ausrichten, um eine Verbindung herzustellen, dies entgegen allen Widrigkeiten zum Trotz geschehen lassen können.

Es ist ein ganz natürlicher menschlicher Wunsch, Dinge und Menschen in unserem Leben zu haben, die uns ähnlich sind. Wir ziehen uns gegenseitig dadurch an, dass wir ähnliche Frequenzen haben, und dabei spielt es keine Rolle, wie groß die Entfernung ist.

Wie man das Beste in Menschen zum Vorschein bringt

Wir haben natürlich nicht immer eine positive Verbindung mit Menschen, und manchmal können wir uns in Situationen wiederfinden, in denen eine negative Energie vorherrscht.

Falls Sie jemals in solch eine Situation geraten, müssen Sie sich dieser Energie nicht beugen und sich mit ihr verbinden. Sie können sich davor schützen, indem Sie sich weigern, sie zu EMPFANGEN.

Eines Nachts vor vielen Jahren in meiner Heimat nahm ich einen Spätzug zurück in die Stadt. Ich wartete auf dem Bahnsteig mit zwei zwielichtig aussehenden Typen. Abgesehen vom Stationsvorsteher, der hin und wieder kurz aus seinem Dienstraum herauskam, war sonst niemand weit und breit zu sehen. Als der Zug an der Station hielt, stieg ich ein – wie auch die zwei Männer. Ich setzte mich in einen Wagen, und sie folgten mir hinein und schlossen die Tür (es war einer dieser Züge mit getrennten Wagen, anders als die offenen Züge, wie man sie heute normalerweise sieht). Ein Mann setzte sich mir gegenüber und der andere neben mich. Der Mann mir gegenüber hatte eine große Narbe, die quer über sein Gesicht verlief, vom Stirnansatz bis zur gegenüberliegenden Wange und zum Kiefer. Irgendwie kam er mir bekannt vor, aber der Mann neben mir nicht.

In dieser Situation hätte ich leicht in Panik geraten und wirklich Angst haben können, weil mein Instinkt mir sagte, dass sie vorhatten, mir etwas anzutun. Aber ich machte genau das Gegenteil. Mein Überlebenstrieb sagte mir, ich solle mich entspannen. Ich sah zu ihnen hinüber, lächelte und bot ihnen Schokolade an. Sie schauten völlig fassungslos drein und griffen zu – und so saßen wir da und teilten uns meine Tafel Schokolade.

Ich zermarterte mir das Hirn, woher ich den Typ mir gegenüber kannte. Dann fiel es mir wieder ein: In den Zeitungen hatte es Berichte über ihn – einen Kriminellen – gegeben. Trotzdem wurde ich nicht panisch. Ich verhielt mich einfach so, als ob sie freundlich und sympathisch wären, und begann, mit ihnen zu plaudern, so wie ich es mit jedem x-Beliebigen tun würde. Ich sah es ihnen an, dass es sie zuerst verwirrte, aber dann entspannten sie sich, und bis zum Ende unserer Fahrt unterhielten wir uns und lachten.

Es war drei Uhr morgens, als wir die Stadt erreichten, und die zwei Männer weigerten sich, mich allein nach Hause gehen zu lassen. Sie sagten, dass es für mich nicht sicher wäre, zu dieser Zeit allein unterwegs zu sein, und bestanden darauf, mich nach

Hause zu begleiten. Der Typ mit der Narbe erzählte mir, dass er Jeans verkaufe, und meinte, ich solle meine Freunde zu ihm schicken, um welche bei ihm zu kaufen – was ich ein paar Wochen später auch tat. Auf eine merkwürdige Weise war ich ihm dankbar, dass er mir nichts angetan hatte. Ein paar Monate später begann er, seinen Lebensunterhalt als Taxifahrer zu bestreiten, und gab sein kriminelles Leben auf. Ich nutzte mehrmals seine Dienste, und er berechnete mir nie etwas. Es war, als ob sich in jener Nacht etwas in ihm verwandelt hätte, sodass er ein neues Kapitel aufschlug.

Ich weiß nicht genau, was in den Köpfen dieser Männer in jener Nacht vor sich ging, aber ich weiß, dass ich dadurch, dass ich mich weigerte, mich mit der Frequenz der Angst zu verbinden, nicht ihren Erwartungen entsprach. Und weil ich mich nicht an ihre Frequenz anpasste und nicht so reagierte, wie sie es sich gedacht hatten, konnte ich ihre üblen Absichten AUFHEBEN und ihre Energie und ihr Verhalten auf null setzen. Sie waren nicht darauf vorbereitet, mit so einer Energie umzugehen, wie ich sie ins Spiel brachte. Und so kehrte ich die Situation um.

Wenn ich mich in jener Nacht von meiner Angst und Panik hätte hinreißen lassen, dann wäre ich heute vielleicht nicht mehr am Leben. Vielleicht ergibt das alles keinen Sinn, selbst heute nicht, aber ich traf die richtige Entscheidung. Ich glaube, dass jeder Mensch etwas Gutes in sich hat, und weil ich nicht zuließ, diesen Männern meine Angst zu zeigen, gab ich ihnen die Möglichkeit, sich in die positive Frequenz zu begeben, die sie in sich hatten.

Die Energie intimer Beziehungen

Die meisten Menschen wollen »den Einen« oder »die Eine« finden – eine besondere Person, mit der sie ihr Leben teilen können. Und wenn wir über gute Beziehungen und Liebesverhältnisse sprechen, verwenden wir oft Redewendungen wie »Liebe liegt in der Luft«, »Es knisterte vor Spannung«, »Er jagte mir einen Schauer über den Rücken« oder »Wir liegen auf der gleichen Wellenlänge«. Es ist kein Zufall, dass es bei allen diesen Redewendungen um die *gemeinsame Energie* zwischen Menschen geht.

Oft scheinen sich die Situationen, in denen wir diese Verbindung spüren, wie durch einen Zauber zu ergeben, was uns unangenehm sein kann, wenn wir glauben, dass wir nicht mehr Herr der Lage sind – aber das sind wir. Wir nutzen die ganze Zeit Energie, um Menschen anzuziehen, und das können wir auch ganz bewusst tun. Auch wenn wir uns dessen nicht bewusst sind, sind wir es, die Anziehung erst geschehen lassen.

Ich teile mit drei Freunden eine Wohnung, von denen einer mein fester Freund ist. Wir kommen alle gut miteinander klar und teilen uns die meisten Aufgaben im Haushalt; wir wechseln uns auch beim Kochen ab, je nachdem, wer zuerst zu Hause ist.

Eines Tages ging ich in den Supermarkt, um Lebensmittel für das Abendessen zu kaufen, und nahm auch eine Tafel meiner Lieblingsschokolade mit. Es war die letzte im Regal, und daher war ich wirklich erfreut. Aber als ich noch ein paar Äpfel aussuchen wollte, legte ich aus Versehen die Tafel Schokolade hin und vergaß sie.

Wie es sich ereignete, ging mein Freund etwa eine Stunde nach mir in denselben Supermarkt. Er wusste nicht, dass ich gerade selbst dort gewesen war – und ich hatte auch keine Ahnung gehabt, dass er dorthin ging. Als er durch die Obst- und Gemüseabteilung ging, entdeckte er meine Lieblingsschokolade zwischen den Äpfeln. Er nahm sie mit, wohl wissend, dass ich mich darüber freuen würde. Wie Sie sich vorstellen können, teilten wir, als er nach Hause kam, unsere Erlebnisse und begriffen, was geschehen war.

In dieser Geschichte geht es nur um eine Tafel Schokolade, aber sie zeigt, dass wir durch unsere Energie ständig Botschaften SENDEN und EMPFANGEN, selbst wenn wir so banalen Dingen nachgehen wie Lebensmittel einzukaufen. Diese Art der energetischen Kommunikation kann sich um alles drehen, seien es Ihre Gedanken und Gefühle – oder eine Tafel Schokolade!

Dies passiert nicht nur unter Partnern. Wenn mehrere Frauen zusammenleben, stimmen nach einer Zeit ihre Menstruationszyklen miteinander überein, und die einzige Erklärung dafür ist die energetische Frequenz, die zwischen ihnen besteht. Wenn Sie mit anderen Leuten zusammenleben oder viel Zeit mit ihnen verbringen, können Sie ebenfalls feststellen, dass Sie anfangen, deren Besonderheiten und Charakterzüge zu übernehmen. Das passiert nicht einfach aufgrund von Gewohnheit (beispielsweise wie Sie reden und was Sie eigentlich tun), sondern auch auf unbewusster Ebene, was Sie als Veränderung erleben in der Art und Weise, wie Sie sich fühlen oder handeln, etwa aggressiv, niedergeschlagen, angespannt, positiv oder ruhig.

Achten Sie also darauf, mit wem Sie sich herumtreiben!

Die Entscheidung liegt bei Ihnen

Wenn sich jemand in einer ungesunden Beziehung befindet, etwa mit einem Partner, der seine Energie erschöpft oder aufzehrt, auch wenn er nicht wieder einen solchen Partner haben möchte, wird er sich trotzdem weiterhin zu Menschen hingezogen fühlen, die eine ähnliche Energie haben. Oft hört man Leute sagen: »Ich ziehe immer die falschen Männer an.« Oder: »Ich lande immer bei bedürftigen Frauen.« – Und damit haben sie völlig recht. Sie tragen unbewusst ihre Ängste mit sich herum und ziehen dieselbe Art von Männern oder Frauen an, indem sie eine bestimmte Frequenz SENDEN. Sie leben dieses Muster so lange, bis sie sich dessen bewusst werden.

Wenn beispielsweise jemand Angst davor hat, sitzen gelassen zu werden, SENDET er, indem er sich genau auf die Sache fokussiert, die er eigentlich nicht will, diese Energie aus und zieht sie an – und so wird er immer wieder Personen begegnen, die untreu sind.

Ein derartiges Muster rührt von den Erfahrungen her, die wir früher im Leben gemacht haben, entweder in der Kindheit oder in anderen Beziehungen. Wenn zum Beispiel Ihr Vater sehr kontrollierend war, können Sie, obwohl Sie mit dieser Art von Partner nicht zusammen sein *wollen*, diese Frequenz anziehen und dann doch bei einer Person, die ihm ähnelt, landen. Auch wenn es vielleicht nicht offensichtlich ist, warum Sie so etwas tun, gibt es eine logische energetische Erklärung dafür: Sie ziehen das an, was Sie *nicht* haben wollen.

Sie besitzen jedoch die Fähigkeit, den für Sie richtigen Partner anzuziehen. Um imstande zu sein, die gewünschte Person in Ihr Leben zu ziehen, müssen Sie sich darüber klar werden, was Sie eigentlich tun, und Ihren Instinkten vertrauen. Außerdem müssen Sie die Signale, die Sie AUSSENDEN, erkennen können, um nicht in einem Beziehungsmuster hängen zu bleiben, das für Sie nicht funktioniert. Das bedeutet, dass Sie sich nach Ihren Instinkten richten sollten: Ignorieren Sie die Zeichen nicht, die sich schon früh in einer Beziehung zeigen, denn es könnte durchaus passieren, dass Sie Monate oder Jahre später zurückblicken und es bedauern, ihnen keine Aufmerksamkeit geschenkt zu haben.

Bei einer Singles-Veranstaltung lernte ich einen Mann kennen, und wir kamen wirklich gut miteinander aus. Ich fand ihn zwar nicht unwiderstehlich, aber er war attraktiv genug, und ich hoffte, er würde mir ans Herz wachsen. Er schien viele meiner Kriterien zu erfüllen. Bei unserer zweiten Verabredung bereitete er mir ein herrliches Essen in seiner Wohnung zu, und ich machte eine Bemerkung darüber, wie nett es bei ihm sei. Ich war ein wenig erstaunt über die Einrichtung und den Stil, weil alles ein bisschen nostalgisch und mädchenhaft wirkte und er eigentlich nicht dieser Typ Mann war. Ich fragte ihn also, wie lange er dort schon wohnen würde, nahm ich doch an, dass er erst kürzlich dort eingezogen wäre. Aber er sagte, er habe die Wohnung ein Jahr zuvor gekauft.

Ein paar Wochen später erzählte er mir, dass die Verlängerung seines Mietvertrags anstehe, und deutete an, dass er zu mir ziehen könne. Ich weiß noch genau, dass ich wirklich außer mir war wegen seiner Lüge, dass ihm die Wohnung gehören würde, aber ich machte trotzdem keine große Sache daraus, weil ich keinen Staub aufwirbeln wollte. Er sagte auch, dass er sich damals, als ich ihn wegen der Wohnung angesprochen hatte, dazu gedrängt gefühlt habe, mir zu sagen, dass sie ihm gehören würde. Allerdings wäre es mir egal gewesen, wenn sie ihm nicht gehört hätte. Es war mir wichtiger, dass er mir die Wahrheit sagte. Trotzdem entschied ich mich, es dabei bewenden zu lassen.

Letzten Endes blieben wir fast vier Jahre zusammen – und in dieser Zeit log er mich wiederholt an, dabei ging es um alles Mögliche, auch um Beziehungen mit anderen Frauen. Zurückblickend ist mir klar, dass mein Instinkt mir von dem Augenblick an, als er mir diese erste Lüge auftischte, sagte, dass etwas nicht stimmte, aber ich beschloss, es zu ignorieren. Wenn ich damals Schluss gemacht hätte, wäre alles kurz und schmerzlos gewesen, so aber wurde unsere Trennung viel schwieriger und unschöner. Ich verlor vier Jahre meines Lebens, weil ich nicht von vornherein auf mein Bauchgefühl gehört hatte.

Diese Frau fand zu spät heraus, dass ihre Instinkte von Anfang an richtig waren. Sie hätte gleich auf ihre anfänglichen verletzten Gefühle aufgrund der Lügen dieses Mannes reagieren sollen, aber sie entschied, darüber hinwegzusehen.

Viele Menschen ziehen es vor, in jemandem das zu sehen, was sie sehen wollen, entweder weil sie nicht erkennen, wie eindringlich die energetischen Botschaften sind, die sie EMPFANGEN, oder weil sie Angst vor dem Alleinsein haben und daher ihre Instinkte nicht beachten. Sie können hervorbringen, was immer Sie sehen wollen, und über die Realität um Sie herum hinwegsehen. Aber wenn Sie den besten Partner für sich finden möchten, müssen Sie ehrlich gegen sich selbst sein und in einem NEUTRALEN Zustand, um es zu ermöglichen, dass solche Botschaften zu Ihnen kommen. Sie müssen sich von dem distanzieren, was Ihnen jemand sagt, wenn Sie ihn kennenlernen, und lediglich den Tatsachen Gehör schenken. Wenn sie keinen Sinn ergeben oder wenn Sie eine Ahnung oder eine Vermutung über jemanden hegen, liegen Sie wahrscheinlich richtig. Sie müssen verstehen, was Ihre Energie Ihnen mitteilt, und dem auch Beachtung schenken.

Sie müssen wissen, was Sie wollen

Einer der Gründe, warum wir oft Fehler machen und nicht auf unsere Instinkte hören, ist, dass wir nicht wissen, was wir von einem Partner wirklich brauchen. Oft ist es so viel einfacher, der Vorstellung anderer Leute vom idealen Mann oder der idealen Frau zuzustimmen und sich von den Dingen mitreißen zu lassen, von denen andere uns sagen, dass wir sie uns wünschen *sollten*. Aber Sie müssen ehrlich sein in Bezug darauf, was *Sie* sich von einem Partner wünschen, und nicht, was Sie glauben, haben zu sollen, oder was andere sich für Sie wünschen.

Allzu oft sind Menschen mit dem falschen Partner zusammen, können es sich aber nicht eingestehen. Und das liegt vielleicht daran, weil sie sich nicht darüber im Klaren sind, was sie eigentlich wollen.

Wir alle brauchen jemand, der uns zum Lächeln bringt, jemand, mit dem wir reden, Spaß haben, Dinge teilen und unsere

Zeit verbringen können. Aber abgesehen von den Eigenschaften und Charakterzügen, welche die meisten Menschen sich bei einem Partner wünschen, ist es wichtig, dass Sie *wissen*, was *Sie* wollen. Sie müssen sich Gedanken darüber machen, wie er sich verhalten soll, wie er aussehen soll – und über alle anderen Eigenschaften, die Sie attraktiv finden. Sie können das auch alles schriftlich festhalten, wenn es Ihnen beim Nachdenken hilft. Sie sollten auch aufschreiben, wo Sie mit dieser Person zusammen sein wollen, und sich mit ihr an all diesen Plätzen vorstellen.

Sie müssen das Leben, das Sie sich wünschen, und die Person, mit der Sie es teilen möchten, so detailliert wie möglich visualisieren.

Diese Übung hört sich vielleicht einfach an, aber ich kenne einige Leute, vor allem solche, die immer wieder die falsche Sorte Partner anziehen, die es unmöglich finden, sich ihren perfekten Partner vorzustellen. Und solange sie dazu nicht in der Lage sind, werden sie ihn nicht in ihr Leben hineinziehen.

Vor ein paar Monaten hatte ich einen Patienten, der sich bei mir über sein Singledasein beklagte. Ich fragte ihn, welche Art von Frau er sich denn wünschen würde, aber er konnte darauf nicht antworten. Ich fragte ihn: »Möchten Sie eine Frau, die Sie umsorgt? Möchten Sie, dass sie fürsorglich ist? Was wollen Sie?« Aber auch darauf wusste er keine Antwort. Er weinte einfach nur und sagte immerzu: »Ich weiß nicht, was ich will.«

Am nächsten Tag kam er wieder zur Behandlung und sagte zu mir: »Jetzt weiß ich, was ich mir wünsche. Ich brauche keine Frau, die mich umsorgt. Ich möchte einfach jemanden, der nett und freundlich ist.« Wieder fing er an zu weinen, aber diesmal waren es Freudentränen, weil er endlich auf seinen Instinkt gehört hatte.

So wie dieser Mann müssen Sie sich Zeit nehmen, um gründlich darüber nachzudenken, wonach Sie wirklich suchen. Es kommt vielleicht nicht von heute auf morgen, weil Sie vielleicht überhaupt keine Ahnung haben, welche Art von Partner zu Ihnen passt. Es lohnt sich, geduldig zu sein, damit Sie den richtigen Partner wählen können, statt immer wieder überstürzt bei dem falschen zu landen.

Nach einer unbefriedigenden Dauerbeziehung verbrachte eine Freundin von mir viel Zeit damit, wirklich darüber nachzudenken, was sie sich von einem Seelenpartner wünschte – und das lohnte sich:

Kürzlich trennte ich mich von meinem Freund, mit dem ich lange zusammen gewesen war. Wenn ich ehrlich gegen mich selbst bin, hatten sich Verliebtheit und Schmetterlinge schon lange verflüchtigt, obgleich unsere Beziehung »gut genug« gewesen war, um als Freundschaft bestehen zu bleiben. Ich wusste, dass ich mein Leben eigentlich mit jemandem teilen wollte, der wirklich etwas Besonderes war.

Es war Silvester, und ich beschloss, mich konkret dem Vorhaben zu widmen, meinen perfekten Mann zu treffen. Ich hatte zwar zuvor darüber nachgedacht, aber dem Ganzen nie wirklich meine volle Aufmerksamkeit gewidmet.

Ich kaufte mir schönes rotes Briefpapier und schrieb nieder, wie der Mann, dem ich begegnen wollte, sein sollte – freundlich, großzügig, liebevoll, lebenslustig, intelligent, arbeitsam, ehrlich, reif, verantwortungsbewusst, sympathisch und gut aussehend!

Ich schrieb auch, dass ich ihn bis zum 30. Juni diesen Jahres kennenlernen wollte. Ich weiß nicht, warum, aber dieses Datum fühlte sich einfach richtig an. Dann steckte ich den Bogen in einen Umschlag, legte ihn in eine Schublade und dachte nicht mehr daran.

In den folgenden Monaten war ich hin und wieder in Singlebörsen aktiv. Und im Mai registrierte ich mich bei einer neuen Singlebörse im Internet. Nach ein paar Wochen und einigen unbedeutenden Verabredungen fing ich an, mich zu langweilen, und als der Juni näher rückte, beschloss ich, meine Mitgliedschaft zu kün-

digen. Aber zuvor schickte ich noch einem Mann eine Nachricht, der, wie ich fand, sympathisch aussah und Interesse an meinem Profil gezeigt hatte. Ich dachte mir, dass ich nichts zu verlieren hätte. Ein paar Minuten später antwortete er mir und schrieb, dass er gerade dabei gewesen war, mir eine Mail zu schicken. Das war am Abend des 30. Juni. Inzwischen, zwei Jahre später, leben wir zusammen und sind sehr glücklich.

Diese Frau nahm sich die Zeit, um herauszufinden, was sie wollte. Obwohl sie anfangs ein paar Fehler machen musste, half es ihr auch zu erkennen, was sie nicht wollte. Dies zeigt, dass die Frequenz Ihrer Energie wichtiger ist als Ihre bewussten Gedanken: Sie müssen etwas auf einer tiefen energetischen Ebene wirklich wollen, um es zu bekommen – und dann können Sie es sogar zum gewünschten Zeitpunkt erhalten.

Einige Menschen wissen erst, was sie wollen, wenn sich die Dinge wirklich sehr schlecht für sie entwickelt haben: Erst wenn sie am absoluten Tiefpunkt angekommen sind, begreifen sie, wie viel sie ändern müssen – wie die folgende Geschichte zeigt:

Mit 33 Jahren hatte ich den absoluten Tiefpunkt meines Lebens erreicht. Ich hatte eine lieblose Beziehung, führte ein erbärmliches Leben in London, und mein Job machte mich kaputt. Erst als ich an diesem Punkt angelangt war, als in meinem Leben nichts Gutes mehr zu sein schien, entschied ich, dass es mir reichte – mehr konnte ich nicht ertragen. Ich fand, dass mein Leben einer Grunderneuerung bedurfte – im Hinblick auf mein Zuhause, meinen Job und meine Beziehung. Tief in mir wusste ich genau, was ich wollte – und ich wusste auch, was ich nicht wollte.

Innerhalb von zwei Wochen (ja, zwei Wochen) lernte ich einen neuen Partner kennen, und drei Monate später waren wir verheiratet. Mein Mann kommt aus Spanien, das heißt, dass ich ebenfalls ein neues Zuhause habe, das mir sehr viel besser gefällt.

Drei Monate nach unserer Hochzeit wurde ich schwanger – also habe ich jetzt außerdem einen neuen Job, und zwar den einer Mutter! Alles, was ich wollte, ist wahr geworden.

An dieser Geschichte können Sie sehen, dass es ganz schnell zu einer Veränderung kommen kann, sobald Sie wissen, was Sie wollen. Sie können sich im Bruchteil einer Sekunde das Super-Unterbewusstsein zunutze machen, solange Sie sich im Zustand der NEUTRALITÄT befinden. Für diese Freundin war der Wendepunkt der Augenblick, als sie eine Entscheidung traf – und an diesem Punkt bewegte sie sich auf eine andere Frequenz.

Sie erzählte mir, dass sie sich leichter gefühlt habe, sobald sie einen Entschluss gefasst hatte. Noch bevor sie sich um die tatsächlichen Veränderungen kümmerte, hatte sie die größte Veränderung von allen herbeigeführt: Sie hatte ihre Energie verändert. Ihre Bereitschaft und die Gewissheit, die sie empfand, das Richtige zu tun, bedeuteten, dass sie sich in einen NEUTRALEN Zustand hineinbewegte, ohne sich dessen bewusst zu sein. Dadurch öffnete sie die Tür zu einer neuen Zukunft.

Sie wissen mehr, als Sie denken

Um die richtigen Freundschaften und Beziehungen zu finden, müssen Sie die Fähigkeit, die Sie bereits besitzen, anerkennen, nämlich die Fähigkeit, zu wissen, was Ihnen guttut und was nicht. Die Zeichen sind immer da: die Vermutung, dass etwas nicht stimmt, das Gefühl von »Liebe auf den ersten Blick« oder die leise Ahnung, etwas unternehmen zu müssen. Sie müssen diesen energetischen Botschaften Aufmerksamkeit schenken und dürfen sie nicht ignorieren. Wenn Sie anfangen, diese Botschaften, die Sie EMPFANGEN und SENDEN, zu verstehen und sich nach ihnen zu richten, können Sie eine ähnliche Magie in Ihr Leben bringen.

Vor fast 20 Jahren, als ich sehr stark an Meningoenzephalitis (ME) litt, trat ich dem örtlichen ME-Verband bei. Eines Tages wurde in dem Verbandsrundbrief erwähnt, dass eine Gruppe von Leuten angefangen hatte, anderen zu schreiben, um ihnen beizustehen und ihnen das Gefühl zu geben, unterstützt zu werden. Diese Nachricht erregte mein Interesse nicht sonderlich, und so ging ich schlafen. Aber als ich am nächsten Morgen aufwachte, fiel mir diese Unterstützungsgruppe ein, und ich war richtig aufgeregt. Mein Instinkt sagte mir, dass ich dabei mitmachen sollte. Ich weiß nicht, warum, aber ich tat es dann einfach.

Ich begann, regelmäßig einem Mann zu schreiben, der in England lebte (ich lebe in Holland), und drei Jahre später lud er mich zu sich ein. Weil wir beide so krank waren, fiel uns das Reisen sehr schwer, aber ich wollte wirklich fahren und wusste, dass sich bald eine Möglichkeit auftun würde. Und so war es dann auch. Kurz nach seiner Einladung begann eine neue Fluggesellschaft, von meinem Lokalflughafen zu seinem zu fliegen. Es war erstaunlich, denn dadurch wurde die Reise machbar. Das war wirklich mehr als ein Zufall. Anlässlich der Einführung dieser neuen Route führte meine Lokalzeitung ein Gewinnspiel durch, bei dem man zwei Tickets nach Großbritannien gewinnen konnte – und etwas sagte mir, dass ich gewinnen würde. Und Sie werden es nicht glauben! Ich gewann tatsächlich.

Ich flog nach England, um meinen neuen Freund zu treffen, und es gelang mir sogar, das zweite Ticket auf seinen Namen umzuschreiben, damit er mich in Holland besuchen konnte. Als ich ihn besuchte, machte er mir einen Heiratsantrag – und es war, als ob ein Traum wahr geworden wäre.

Wenn ich vor all diesen ganzen Jahren nicht auf meinen Instinkt gehört hätte, wäre ich meinem Ehemann nie begegnet.

Bei jedem Schritt auf dem Weg schenkte diese Frau den Botschaften, die sie EMPFING, Beachtung und handelte entsprechend. Sie war in einem NEUTRALEN Zustand und stellte daher nichts infrage, hegte keine Zweifel oder machte sich irgendwelche Gedanken, sie vertraute einfach sich selbst und dem, was vor sich ging – und das Ergebnis war magisch.

Das können Sie auch. Wie Sie inzwischen wissen, EMPFANGEN Sie ständig Botschaften. Sie müssen ihnen einfach nur Ihre Aufmerksamkeit schenken.

10

Gesundheit und Heilung

In den Jahren, in denen ich Bioenergie praktiziere, habe ich es mit vielen verschiedenen Erkrankungen zu tun gehabt, nicht nur solchen, die durch Unfälle, Viren oder Umwelteinflüsse verursacht werden, sondern auch oft durch Stress. Tatsächlich fällt mir immer stärker auf, dass die meisten Krankheiten durch Stress und emotionale Störungen entstehen, die unser Immunsystem schwächen.

Im 21. Jahrhundert spielt sich das Leben in einem derartigen Tempo ab, sodass wir kaum Schritt halten können. Obwohl wir denken, unsere entwickelte Welt würde uns ein besseres Leben als zuvor bescheren, hat sich in Wirklichkeit unsere Lebensqualität im Laufe der Jahre eher verschlechtert. Wir fühlen uns ständig unter Zeitdruck, und es fehlt uns an bedeutungsvollen persönlichen Kontakten mit anderen, da wir einen Großteil unserer Kommunikation über Telefon und E-Mail abwickeln. Wir sind nicht nur von anderen Menschen entfernt, sondern auch von uns selbst: Wir werden durch die äußere Welt derart abgelenkt, dass wir uns immer mehr von unserem Körper und Geist distanzieren und das Gefühl für unsere Frequenz verlieren.

Für einen bestmöglichen Gesundheitszustand müssen Sie sich damit beschäftigen, was auf allen Ebenen vor sich geht, sowohl in Ihrem Körper als auch außerhalb von ihm. Sie müssen sich nicht nur Ihre körperlichen Symptome anschauen, sondern auch Ihre Gedanken, Gefühle und alle anderen Aspekte Ihrer Gesundheit.

Sie wissen bereits,
wie es ist, gesund zu sein

Sie wissen bereits, wie es ist, gesund zu sein, und Sie wissen auch, wie es sich anfühlt, wenn Sie stark und wohlauf sind. Wenn Sie sich die Zeit nehmen, um auf Ihren Körper zu hören und ihn zu achten, können Sie für Ihre Gesundheit sorgen.

Das Wichtigste, was Sie tun können, ist, die richtigen Entscheidungen in Ihrem Leben zu treffen und sich schöne Momente zu gönnen. Dann werden Sie in der Lage sein, auf Ihr Bauchgefühl zu hören. Wenn Sie auf dem richtigen Weg sind, wird Ihr Körper Ihnen die Signale SENDEN. Ob es mit Ihrem Job zu tun hat, mit Beziehungen, häuslichen Angelegenheiten oder anderen Entscheidungen, indem Sie tun, was richtig für Sie ist, können Sie in einem NEUTRALEN Zustand bleiben und Ihre Energie auf einer gesunden Frequenz halten.

Durch das Heilen von Menschen habe ich festgestellt, dass Sie sich immer weiter von Ihrer natürlichen Frequenz entfernen, je mehr Sie Ihre Instinkte ignorieren. Um es anders auszudrücken: Je stärker Sie ein »Un-Wohlsein« mit dem Leben empfinden, umso mehr öffnen Sie sich für die Möglichkeit, in einen schlechten Gesundheitszustand zu geraten. Aber wir alle haben ein intuitives Gefühl dafür, was wir mit unserem Leben anfangen sollten und was das Beste für uns ist. Wenn wir auf diesen Instinkt hören und ihm folgen, erfreuen wir uns guter Gesundheit – und das gelingt uns am besten, wenn wir uns in einem NEUTRALEN Zustand befinden.

Vor vielen Jahren hatte ich Gallensteine, und meine Gallenblase entzündete sich, sodass ich starke Schmerzen hatte. Ich war im Krankenhaus, hing am Tropf und wartete auf die Operation. Weil die Gefahr bestand, dass die Gallenblase platzen könnte, durfte ich nur ganz schwachen Kamillentee zu mir nehmen. Wegen der Schmerzen und des Hungers war ich abwechselnd bei Bewusstsein und dann wieder in einem Dämmerzustand. Aber am dritten Tag übernahm mein eingefleischter Lebenswille die Führung.

Die Patientin im Bett neben mir war schwanger, und ihre Mutter hatte ihr Pasteten gemacht. Sie ähnelten ein bisschen den kornischen Pasteten, nur etwas kleiner. Neben ihrem Bett lag eine ganze Tüte voll. Ich sah sie unentwegt an, und der Duft wehte zu mir herüber.

Man hatte mir gesagt, dass ich in ernste Gefahr geraten würde, wenn ich irgendetwas essen würde, und so lag ich eine Weile da. Aber fünf Minuten später war der Drang einfach zu stark. Mein Körper sagte mir, dass ich essen müsse – aber es war kein normaler Hunger, wie ich ihn sonst kannte: Es fühlte sich an wie ein tief verankerter Überlebenstrieb, wie ein tierischer Instinkt. Es fühlte sich an, als würde ich sterben, wenn ich nichts zu essen bekäme.

Mit großer Anstrengung erhob ich mich vom Bett, mit meinem Tropf in einer Hand, und schnappte mir den Beutel mit den Pasteten mit der anderen. Alle meine guten Manieren gingen den Bach runter. Ich konnte kaum laufen, aber irgendwie schaffte ich es zur Toilette. Ich schloss die Tür ab, setzte mich hin und arbeitete mich durch fast drei Pfund Pasteten. Ich verzehrte sie methodisch und mechanisch. Sie waren warm, fest und nahrhaft. Es war, als ob ich nie krank gewesen wäre – und als ob ich nie zuvor Lebensmittel gesehen hätte!

Nachdem ich sie alle verputzt hatte, fühlte ich mich ganz anders. Ich konnte spüren, wie Energie mich erfüllte, und plötzlich war ich geistig hellwach und frisch. Ich verließ die Toilette und ging zu meinem Bett zurück. Ich war voll und ganz präsent und fühlte mich total wohl. Die Schmerzen waren wie weggeflogen; es war, als ob ich nie ein Problem gehabt hätte. Niemand wäre auf die Idee gekommen, dass ich fünf Minuten zuvor praktisch bewusstlos gewesen war. Ich entließ mich selbst aus dem Krankenhaus, was die Ärzte sehr überraschte.

Ein paar Tage später fand ich heraus, dass viele Patienten, die sich an jenem Tag einer Operation unterzogen hatten, gestorben waren – einige sogar noch auf dem Operationstisch. Es muss wohl ein tödliches Virus im Krankenhaus gewesen sein oder etwas anderes, was dazu geführt hatte. Dank meines Bauchgefühls und der Tatsache, dass ich ihm gefolgt war, war ich noch am Leben.

Wenn ich länger darüber nachgedacht hätte, was mein Körper mir sagte, hätte ich das nie getan. Wahrscheinlich hätte ich mir gesagt, dass es dumm wäre, so etwas Schweres zu essen, da ich doch so krank war, aber ich hatte es nicht derart analysiert. Ich befand mich in einem Zustand der NEUTRALITÄT und hörte einfach auf meinen Instinkt. Frauen tun das oft, wenn sie schwanger sind und von einem heftigen Verlangen nach bestimmten Lebensmitteln überwältigt werden. Ihr Körper ist unglaublich intelligent, und wenn Sie den Botschaften, die Sie erhalten, Aufmerksamkeit schenken, können Sie sich selbst heilen.

Neutralität ist die Antwort

Wenn bei Ihnen eine Krankheit festgestellt wird, ist es ganz normal, zuerst fassungslos oder schockiert zu sein, weil es sich anfühlen kann, als hätte sie sich aus dem Nichts an Sie angeschlichen. Tatsache ist jedoch, dass sich die meisten Krankheiten langsam entwickeln – sie kommen nicht von einem Tag auf den anderen. Aber wenn Sie Ihrem Körper keine Aufmerksamkeit schenken, haben Sie es wahrscheinlich nicht bemerkt. Die anfänglichen Anzeichen, Gefühle der Erschöpfung oder Müdigkeit und Schmerzen beispielsweise, können im geschäftigen Treiben des täglichen Lebens leicht untergehen, und so kommt es oft vor, dass Sie erst, wenn ein deutlicher Hinweis einfach nicht mehr zu übersehen ist, gezwungen sind, davon Notiz zu nehmen.

Nachdem Ihnen die Wahrheit über eine Krankheit ins Bewusstsein gedrungen ist und Sie über den anfänglichen Schock und die Aufregung, die bei den meisten Menschen eintritt, hinweggekommen sind, müssen Sie sich vor Augen führen, dass Sie zwei Möglichkeiten haben:

1. Sie können beschließen, krank zu sein und sich weiterhin vor der Krankheit zu fürchten.

2. Sie können beschließen, gegen die Krankheit anzukämpfen und wieder gesund zu werden.

Wenn Sie sich entscheiden, gegen sie anzukämpfen, müssen Sie Folgendes tun:

- Konzentrieren Sie sich darauf, für sich zu sorgen.

- Beachten Sie Ihren Körper, auch wenn dies eine neue Erfahrung für Sie ist.

- Lassen Sie nicht zu, dass Angst Ihre Entscheidungen für Sie trifft, denn Angst liegt gewöhnlich falsch.

- Finden Sie einen Ort des Friedens und der NEUTRALITÄT, an dem Sie die richtige Energie, die richtige Behandlung und die richtigen Menschen anziehen können, die Ihnen helfen, wieder gesund zu werden: Das ist die beste Entscheidung, die Sie treffen können.

- Glauben Sie tief und fest daran, dass es Ihnen wieder gut gehen wird. Sie müssen sich selbst sehen, wie Sie aus der Krankheit herauskommen – und gegen sie ankämpfen.

- Hören Sie auf Ihren Instinkt, denn er wird Ihnen sagen, was Sie tun müssen.

- Distanzieren Sie sich von Ihrer Krankheit, indem Sie sich beobachten und sich ihr nicht anschließen. Eine der einfachsten Möglichkeiten dazu ist, sich vorzustellen, dass Sie einem Freund erzählen, was zu tun ist. Was würden Sie ihm erzählen, wie er für sich selbst sorgen soll?

Ihre seelische Verfassung ist ein entscheidender Faktor für Ihre Gesundheit. Die zwei folgenden Beispiele zeigen, welche unterschiedlichen Denkprozesse bezüglich ihrer Gesundheit bei zwei Personen mit gleicher Krankheit ablaufen können – und welche Auswirkungen dies auf den Heilungsverlauf hat:

Eine Frau Ende zwanzig mit einem stark ausgeprägten Ekzem kam zu mir in die Praxis. Ihre Haut war schrundig und blutete so stark, dass sie immer Handschuhe tragen musste, und ihr Gesicht war derart in Mitleidenschaft gezogen, dass sie es kaum bewegen konnte, um deutlich zu sprechen. Als ich sie behandelte, konnte ich sie nicht einmal berühren. Ich wusste nicht, ob und was ich ihr versprechen könnte, denn sie hatte bereits alle möglichen schulmedizinischen und alternativen Behandlungsmethoden ausprobiert. Als sie zu mir kam, hatte sie das Gefühl, nichts mehr verlieren zu können.

Aber trotz ihres Zustandes erzielte ich erstaunliche Resultate. Ich wünsche, ich hätte Fotos gemacht, denn mit jedem der fünf Tage, an denen sie kam, wurde ihre Haut sichtlich besser. Eine Woche nachdem sie die Behandlung bei mir angefangen hatte, war die Haut völlig geheilt. Sie sah aus wie die eines Babys. Es war einfach unglaublich, und sie war so dankbar.

• • •

Zwei Wochen später kam ein Mann in meine Praxis. Er war ungefähr so alt wie die Frau und litt an einem ähnlichen chronischen

Fall von Ekzem. Da ich die Frau so erfolgreich behandelt hatte, sagte ich ihm, dass ich ihm wirklich helfen könne und zuversichtlich sei, dass er bis zum Ende der Woche viel besser aussehen und sich auch viel besser fühlen würde. Aber das konnte er überhaupt nicht akzeptieren. Er sagte zu mir: »Niemand kann mir helfen. Ich habe so lange so viel Geld ausgegeben und alles ausprobiert. Ich glaube nicht, dass irgendetwas helfen kann.«

Trotzdem verbesserte sich seine Haut mit jedem Tag. Es war zwar keine so schnelle oder dramatische Verbesserung, wie es bei der Frau gewesen war, aber es war definitiv ein Fortschritt. Die ganze Zeit schaute der Mann in den Spiegel und beschäftigte sich zwanghaft mit seiner Haut. Er suchte nach jeder kleinen Veränderung. Doch obwohl sich sein Zustand besserte, meinte er nach wie vor, dass er nicht glaube, dass das Ekzem ganz verschwinden würde. Nach der fünftägigen Behandlung ging es ihm besser, aber seine Haut war nicht klar, wie es bei der Frau der Fall gewesen war. Es war genau so, wie er gesagt hatte. Ich sagte ihm, er solle in zwei Monaten wiederkommen.

Als er wiederkam, war seine Haut klar! Ich bat ihn, mir ehrlich zu sagen, wann er das Gefühl gehabt hätte, dass die Heilung wirklich angefangen hatte. Er antwortete, dass er zwei Tage nach seiner Behandlung bei mir aufgehört habe, sich zwanghaft mit diesem Thema zu beschäftigen. Er hatte jegliche Erwartungen, wieder gesund zu werden, aufgegeben, was dazu führte, dass er auch seine Negativität aufgab – und an diesem Punkt hatte die Heilung eingesetzt. Er hatte geglaubt, ich hätte ihm nicht geholfen, und so hatte er, da ich sein letzter Ausweg gewesen war, keine Lust mehr gehabt, sich im Spiegel anzustarren. Er hatte geglaubt, dass nichts funktionieren würde, sodass er genauso gut den Versuch aufgeben könnte, sein Problem aus der Welt zu schaffen. Er hatte aufgehört, bei jeder Gelegenheit in den Spiegel zu schauen, und angefangen, sich auf andere Dinge zu konzentrieren. An diesem Punkt, an dem er seine negativen Gedanken über seine Haut eingestellt hatte, war die Heilung sehr schnell eingetreten.

Diese zwei Beispiele zeigen, wie wichtig Ihre Denkprozesse sind, wenn Sie krank sind – und auch, wie leicht sie Sie daran hindern können, wieder gesund zu werden. Die Frau besaß einen sehr starken Überlebenstrieb und wollte ihr Ekzem bekämpfen: Es war diese Einstellung, die ihr half, in fünf Tagen wieder gesund zu werden. Aber der junge Mann hatte Angst davor, wieder gesund zu werden. Indem er ständig in den Spiegel schaute und nach Anzeichen seines Ekzems suchte, wollte er unbewusst diese auch sehen. Und durch seine Überzeugung, dass niemand ihm helfen könne, hinderte er die Energie daran, ihn zu heilen. Doch sobald er seine Negativität aufgab, hob er alle Blockaden gegen die Energie auf, und die Heilung erfolgte in zwei Tagen.

Eine Sache, die Sie aus dieser Geschichte lernen können, ist, dass Sie, auch wenn Ihre Denkprozesse negativ waren, sie immer verändern – und Ihr Leben verbessern können.

Die Fähigkeit, eine Familie zu gründen

Obwohl ich Menschen wegen aller möglichen Krankheiten behandele, erlebe ich die größte Angst und Verzweiflung bei Paaren, die eine Familie gründen möchten, aber Zeugungsprobleme haben.

Während es bei Frauen, die in einem Alter sind, in dem ihre Fruchtbarkeit nachlässt, schwieriger ist, energetisch zu helfen, ist es für mich gewöhnlich leicht, Patienten mit rein körperlichen Beschwerden zu behandeln – wie etwa Schwierigkeiten mit dem Eisprung, blockierte Eileiter oder schlechte Spermienbeweglichkeit. Das ist der einfache Teil, denn die körperliche Heilung ist nur der Anfang: Ich muss ihnen auch dabei helfen, an den Denkmustern zu arbeiten, die sie daran hindern, im Hinblick auf ihren Kinderwunsch NEUTRAL zu bleiben.

Es kommt sehr oft vor, dass Frauen ihre Energie blockieren und so ihre Körperchemie durcheinanderbringen. Ironischerweise versuchen sie gewöhnlich verzweifelt, ein Kind zu bekommen, und es ist gerade diese Verzweiflung, die ihnen im Weg steht. Bei Männern erlebe ich oft, dass der Druck, unter dem sie stehen, ein Kind zu zeugen, die Qualität ihrer Spermen beeinträchtigt. In beiden Fällen ist es das Wichtigste, dass sich die Leute entspannen, Spaß miteinander haben und eine NEUTRALE Haltung zu ihrem Kinderwunsch einnehmen. Die folgenden zwei Beispiele zeigen, dass diese Art der geistigen Haltung eine entscheidende Rolle spielt:

Ein Paar suchte mich wegen seiner Fruchtbarkeitsprobleme auf. Beide waren Anfang dreißig und besaßen ein umfassendes Wissen über ihre Gesundheit. Nach vielen Jahren des Ausprobierens waren sie immer beunruhigter geworden, dass die Frau noch immer nicht schwanger war, was ihren Erwartungen nach längst hätte passieren müssen. Sie hatten so lange Zeit ihre ganze Energie in den Wunsch investiert, ein Kind zu bekommen; sie hatten alles aufgezeichnet und gemessen, was man nur aufzeichnen und messen konnte. Ihr Sexleben fand nach einem rigiden Zeitplan statt. Was sie aber nicht erkennen konnten, war, dass sie durch genau dieses Verhalten ihre Energie blockierten. Jeder von ihnen SENDETE seinem Körper verzweifelte Botschaften, dass sie Angst davor hatten, kein Kind zu bekommen. Ihre Körper griffen die Angst auf, und ihr Unterbewusstsein interpretierte das so, dass sie kein Baby haben wollten. Je stärker ihr Kinderwunsch wurde, umso geringer wurde ihre Chance: Sie steckten in einem Teufelskreis fest. Das konnten sie zwar intellektuell nachvollziehen, aber sie wussten nicht, wie sie sich aus diesem negativen Muster befreien sollten.

Ich sagte ihnen: »Bitte glauben Sie daran, Sie werden ein Kind bekommen – weil Sie es sich wünschen. Entspannen Sie sich einfach und denken Sie sechs Monate lang überhaupt nicht an Kinder.« Körper und Geist waren bei beiden stressüberladen, und sie brauchten wirklich eine Ruhepause. Ich wollte, dass sie eine Pause von den negativen Gedanken, die ihre Energie blockierten, einlegten. Ich schlug ihnen vor, dass sie sich amüsieren und sich lieben sollten, weil sie sich liebten, und nicht einfach, um ein Kind zu zeugen. Und dann sollten sie es in sechs Monaten wieder versuchen.

Sie fingen an, zu dem Leben zurückzukehren, das sie davor geführt hatten. Sie gingen aus, amüsierten sich, hatten Sex und gingen verspielt miteinander um. Dann, sechs Monate später, erhielt ich eine Nachricht von ihnen, dass sie ein Baby bekommen würden. Sie hatten den Druck, unter den sie sich selbst gesetzt hatten, losgelassen, sobald sie damit begonnen hatten, einfach ihre Beziehung und ihre Intimität zu genießen.

• • •

Eine Frau Anfang dreißig kam zu mir wegen Fruchtbarkeitsproblemen. Sie und ihr Partner hatten viele Male künstliche Befruchtung ausprobiert, aber man hatte ihnen geraten, damit aufzuhören, weil ihre Probleme unlösbar wären.

Die Frau war deswegen völlig fertig und hatte nur noch einen winzigen Hoffnungsschimmer übrig. Bei ihrem ersten Termin weinte sie und fragte mich, ob ich ihr helfen könne. Ich sagte ihr nur, dass ich mein Bestes versuchen würde.

Nach der Behandlung sagte ich zu ihr und ihrem Mann, sie sollten sich vier Monate lang einfach nur um sich selbst kümmern und keinerlei Erwartungen hegen. Wegen der künstlichen Befruchtungen hatten sie derart unter Stress gestanden, dass sie nicht mehr über eine Schwangerschaft nachdenken, sondern sich amüsieren sollten. Ich schlug ihnen vor, dass sie einfach Spaß miteinander haben sollten – so wie zu der Zeit, als sie sich kennengelernt hatten. Und so wurde die Frau innerhalb nur einen Monats schwanger!

Diese zwei Geschichten zeigen, dass, wenn Sie sich ein Baby wünschen, es am wichtigsten ist, in einem NEUTRALEN Zustand zu sein. Obwohl bei dem ersten Paar physiologisch alles in Ordnung war, war die Energie der beiden völlig durcheinandergeraten, und dies beeinträchtigte ihre Körper darin, natürlich zu funktionieren. Ironischerweise hatte die Frau im zweiten Beispiel zwar physische Probleme, aber sie war einem NEUTRALEN Zustand näher, glaubte sie doch, nichts mehr zu verlieren zu haben. Sie konnte nur noch hoffen – und Hoffnung ist besser als Verzweiflung. Ein Kind zu bekommen ist ein natürlicher Vorgang, und wenn Sie ihn als solchen betrachten und entsprechend damit umgehen, wird es gewöhnlich auch geschehen.

Das Muster von Krankheit

Wenn Sie körperlich gesund sind, ist auch Ihr Geist gesund, aber bei Menschen, die seit Langem krank sind (zu denen viele gehören, mit denen ich arbeite), ist der Geist anders programmiert. Einige von ihnen (aber keineswegs alle) scheinen von einer »Krankheitsfrequenz« angezogen zu werden, weil sie seit so langer Zeit krank sind. Selbst wenn ihr Körper sich erholt und sie körperlich geheilt sind, kann ihr Geist immer noch an negative Denkweisen gewöhnt sein, und folglich ziehen sie weiterhin negative Energie an. Den meisten Leuten fällt es schwer, diese Art von Kreislauf zu durchbrechen – und einige von ihnen sind sich dessen nicht einmal bewusst.

Wenn Sie an einer langwierigen oder chronischen Krankheit leiden, kann es sich anfühlen, als wäre sie zu einem Bestandteil Ihres Lebens geworden. Sie gleicht einem sperrigen Gepäckstück, das Sie jeden Tag mit sich herumschleppen, und wenn es Ihnen weggenommen wird, fühlen Sie sich vielleicht unbehaglich, als ob etwas fehlen würde. Einige Leute sind in dieser Hinsicht sehr ehrlich. Sie sagen mir: »Ich hatte diese Krankheit mein ganzes Leben lang. Ich weiß überhaupt nicht, was ich jetzt tun soll.« Sie sind an die Frequenz ihrer Krankheit so gewöhnt, dass sie sich ein anderes Leben gar nicht vorstellen können. Sie sagen beispielsweise: »Was ist, wenn ich in drei Monaten wieder krank bin?« Oder: »Was wird jetzt mit mir geschehen?« Wenn Leute mir solche Fragen stellen, frage ich zurück: »Was werden Sie tun, wenn Sie sich für den Rest Ihres Lebens wohlfühlen würden?« Gewöhnlich fällt ihnen dazu keine Antwort ein. Sie sind darauf programmiert, in der Frequenz ihrer Krankheit zu sein. Aber das können sie wirklich ändern: Sie müssen nur ihre Denkweisen ändern.

Am schwierigsten zu behandeln sind Menschen, die nicht begreifen können, wie sie die Frequenz einer Krankheit anziehen. Aus irgendeinem Grund wollen sie nicht glauben, dass sie wieder gesund werden, und durch ihre Sorgen darüber, was passieren könnte, wenn sie einen Rückfall erleiden, ziehen sie genau das an, was sie eigentlich nicht wollen.

Ein Leiden, das ich oft behandele, sind chronische Kopfschmerzen, und Patienten, die nach einer Woche beschwerdefrei sind, sagen mir oft, dass sie sich ohne ihre Schmerzen ganz komisch fühlen. Sie können sogar ihre Kopfschmerzen vermissen! Das hört sich für manche bestimmt lächerlich an, aber weil ich das schon so viele Male gehört habe, weiß ich, dass es ein ganz reales Phänomen ist.

Eine meiner Patientinnen litt seit ihrer Teenagerzeit wirklich jeden Tag ihres Lebens an Migräne. Nach der zweiten Sitzung hörten die Kopfschmerzen auf. Sie rief in der Praxis an und weinte hysterisch. »Was haben Sie getan?«, fragte sie. »Ich habe immer diese Kopfschmerzen gehabt! Ich weiß nicht, was ich ohne sie machen soll.« Es waren keine Freudentränen – sie wusste wirklich nicht, was sie mit sich anfangen sollte.

Das tägliche Leben dieser Frau war von ihren gravierenden Kopfschmerzen derart bestimmt worden, dass sie sich kaum mit irgendetwas anderem beschäftigen konnte. Tatsächlich sorgten diese Schmerzen für eine enorme und zweckdienliche Ablenkung von ihren Problemen. Es stellte sich nämlich heraus, dass sie als Kind missbraucht worden war und dass sie sich immer zu sehr davor gefürchtet hatte, sich damit auseinanderzusetzen, und so hatte sie das Kopfschmerzmuster erzeugt, um den Schmerz ihres Missbrauchs zu verbergen. Dies war eine Form der »Selbstverletzung«, weil sie lediglich den einen Schmerz durch einen anderen ersetzt hatte. Ihr Leben war ausschließlich auf ihr Leiden fokussiert gewesen, und als sie dann von den körperlichen Schmerzen befreit war, wusste sie nicht, was sie mit dem emotionalen Schmerz anfangen sollte.

Aber selbst wenn Ihnen als Kind etwas Schlimmes widerfahren ist, können Sie die Hilfe kompetenter Therapeuten in Anspruch nehmen, um diese Probleme zu bewältigen – sie sollten Sie nicht daran hindern, gesund zu sein.

Wenn Sie anfangen, auf Ihre Denkprozesse zu achten, fällt Ihnen vielleicht auf, dass Sie zwei verschiedene Geisteshaltungen einnehmen. Für die eine Geisteshaltung ist möglicherweise kennzeichnend, dass sie frei von Bedingungen und Erwartungen ist und von dem Wunsch durchdrungen, wieder gesund zu werden. Die Merkmale der anderen dagegen sind Angst, das Bedürfnis zu analysieren und eine Gewöhnung an Ihre Krankheit. Je mehr Sie dies erkennen, umso eher können Sie die richtigen Entscheidungen über Ihre Denkweise treffen und die relevante Geisteshaltung umprogrammieren. Sie müssen nicht davon beeinflusst werden, was andere Leute denken oder was man Ihnen sagt: Sie können sich Ihren eigenen Geisteszustand schaffen.

Weil Sie sich so leicht zu den Frequenzen hingezogen fühlen können, an die Sie gewöhnt sind (auch wenn sie Ihnen schaden), sollten Sie meiner Meinung nach an Orten vorsichtig sein, an denen Menschen mit der gleichen Krankheit oder dem gleichen Leiden zusammenkommen. Beispielsweise kann es in Rehagruppen unter Umständen letztendlich so weit kommen, dass der energetische Zustand, den Kranke hinter sich lassen wollen, aufrechterhalten wird, wodurch sich ihre Genesung schwieriger gestaltet. Das bedeutet nicht, dass Patienten in einer solchen Situation *nicht* genesen *können*, aber es würde ihnen leichter gelingen, wenn sie von Menschen ohne dieses Problem umgeben sind. Manche Kranke entscheiden sich auch dafür, Selbsthilfegruppen beizutreten, aber diese Gruppen ermuntern die Teilnehmer dazu, ihre negative Energie zu teilen und sich mit ihrem Leiden wohlzufühlen, indem sie einander erkennen lassen, dass sie nicht allein dastehen. Die Frequenz wird ihnen vertraut, und es fällt ihnen dann schwerer, etwas zu ändern. Wenn Sie krank sind, sollten Sie also versuchen, so viel Zeit wie möglich mit Leuten mit gesünderen Frequenzen zu verbringen.

Aus diesem Grund sollten meiner Meinung nach Krankenhäuser gemischte Stationen haben, was teilweise bereits eingeführt worden ist. Auch wenn es aus organisatorischer Sicht nicht sinnvoll erscheinen mag, hilft es den Patienten wirklich, nicht mit Leuten in Berührung zu kommen, die die gleichen Probleme haben. Dadurch, dass sie von anderen Frequenzen umgeben sind, ist die Wahrscheinlichkeit geringer, dass sie eine Massenfrequenz von Krankheit erzeugen, die die Verbindung zu gesunden, hoffnungsvollen Energien AUFHEBT.

Sie müssen Situationen, die eine negative Frequenz aufrechterhalten, gewahr werden und sich vielleicht sogar entscheiden, sich von ihnen fernzuhalten. Sie müssen die Frequenz von Krankheit ABSTELLEN und bereit sein, eine gesunde Frequenz anzuziehen – und das gelingt Ihnen, wenn Sie neue Muster und neue gesunde Energie in Ihr Leben ziehen.

Das Muster von Gesundheit

Wenn sich jemand wirklich krank und unwohl fühlt, vergisst er schnell, wie es sich anfühlt, gesund und voller Energie zu sein, weil es leicht ist, der schwachen Energie nachzugeben, die eine niedrige Frequenz hat. Wenn jemand seit Monaten oder Jahren krank ist, ist er normalerweise so daran gewöhnt, sich auf eine bestimmte Weise zu fühlen und zu denken, dass es konsequenter Arbeit bedarf, ihm zu zeigen, dass sich seine Situation und sein Körper geändert haben. Solche Leute greifen oft zu »raschen Lösungen« wie Medikamenten, und es ist mühsamer, aber auf Dauer lohnenswerter, sie dazu zu bringen, an sich selbst und an ihrer Energie zu arbeiten. Wenn Sie beispielsweise Marathon laufen wollen, könnten Sie mengenweise leistungssteigernde oder energiespendende Mittel nehmen. Und würden Sie damit immer weitermachen, dann würden Sie mit Sicherheit bald kollabieren. Die bessere – und anspruchsvollere – Option wäre es, Herr zu werden über Ihren Körper und Geist, auf Ihre Instinkte zu hören und Ihre Bedürfnisse wahrzunehmen.

Wenn Sie eine chronische Krankheit hatten und wieder gesund geworden sind, müssen Sie Ihr Denkmuster verändern. Entscheidend ist, dass Sie Ihren Geist umprogrammieren, damit er Ihrem neuen gesunden Körper sowohl jetzt als auch in Zukunft entspricht. Und das bewerkstelligen Sie, indem Sie sich darüber klar werden, was Sie vom Leben wollen – über Ihre Ambitionen, Ihre Ziele und Ihre Träume. Sie müssen sich in der Zukunft sehen, wenn Sie tun und haben, was Sie möchten. Bauen Sie auf dem auf, woran Sie glauben, sodass Sie Ihre Fortschritte auch annehmen können.

Stellen Sie sich selbst bei guter Gesundheit vor

Wie bei vielen anderen Dingen im Leben bekommen Sie das, worauf Sie sich konzentrieren. Sie sollten sich also Ihres Fokus bewusst sein und somit über dessen, was Sie anziehen.

Am schwierigsten – und auch am wichtigsten – zu ändern ist der Druck, unter den Sie sich selbst oder unter den andere Sie setzen. Selbst wenn Sie an einer schweren Krankheit leiden, müssen Sie sich auf positive Vorstellungen konzentrieren, damit Sie keine negative Energien SENDEN, die Ihr Immun- und Ihr Nervensystem beeinträchtigen könnten. Sie müssen Ihren Körper respektieren, wenn es ihm nicht gut geht, für ihn sorgen und ihn noch mehr lieben:

- Stellen Sie sich vor, wie Licht durch Ihren Körper fließt und alles hell erleuchtet.
- Stellen Sie sich vor, wie Wasser durch Sie fließt und alle Ihre Zellen reinigt und jegliche negative Energie ausschwemmt.

Diese machtvollen Gedanken werden Ihre Frequenz auf die Frequenz Ihres Zustandes anheben. Aber wenn Sie sich in der Zukunft sehen, wie Ihnen die Haare ausfallen, wie Sie dahinsiechen, nicht in der Lage sind zu laufen, in einem Krankenhausbett liegend und zu schwach für Genesung, werden Sie sich tatsächlich darauf programmieren, *nicht* zu gesunden. Das dürfen Sie deswegen nicht tun! Sie müssen sich so sehen, wie Sie in der Zukunft sein *wollen* – wie Sie es sich gut gehen lassen, gesund und erfolgreich. Sie müssen nährende, stärkende Gedanken hegen und Ihren Körper in der bestmöglichen Weise behandeln. Sie müssen sich von der Krankheit loslösen. Dann wird Sie jeder Tag Ihren Wünschen näher bringen, weil Sie sich selbst Botschaften darüber SENDEN, wie Sie sich am besten zu verhalten haben.

Welche Krankheit Sie auch haben mögen, in Ihrer Vorstellung müssen Sie sich *immer* gesund sehen – und wirklich daran glauben. Ich höre viele Leute sagen: »Ich bin wirklich positiv«, während ihnen die totale Angst ins Gesicht geschrieben steht und ihre Stimme zittert. Wenn das, was Sie sagen, und das, was Sie fühlen, nicht übereinstimmt, wird die negative Energie die positive Energie AUFHEBEN, also müssen Sie sich in Ihrer Vorstellung gesund sehen und fühlen.

Manche Leute sagen, dass ihnen das Visualisieren schwerfällt, aber es ist wie Tagträumen, und das kann jeder. Hier sind noch einige Tipps, wie es Ihnen besser gelingt:

- Suchen Sie sich einen ruhigen Platz, an dem Sie nicht gestört werden.
- Atmen Sie tief und versuchen Sie, Ihren Geist zu leeren.
- Denken Sie darüber nach, wie Sie sich selbst in der Zukunft sehen wollen – als Erstes in einem Monat ... dann in zwei Monaten ... dann in sechs Monaten. Sehen Sie sich, wie Sie laufen, voller Energie sind, gut schlafen und Spaß haben.
- Dann stellen Sie sich vor, wie Sie in einem Jahr sein wollen: wie Sie arbeiten, erfolgreich sind, das Leben mit Ihrer Familie und Ihren Freunden genießen und sich besser fühlen als je zuvor.
- Denken Sie nun darüber nach, wie Sie in zwei Jahren sein wollen ... und auch in fünf Jahren. Haben Sie einen neuen Job? Ein neues Zuhause? Vielleicht haben Sie eine Familie gegründet. Denken Sie die ganze Zeit an die positiven Dinge, die Sie sich wünschen, und dass Sie so gesund sind, um sie in die Tat umzusetzen.
- Dann kommen Sie aus der Zukunft zurück in die Gegenwart.

Durch diese Visualisierung SENDEN Sie dem Universum eine Botschaft darüber, was Sie haben und wie Sie sich fühlen wollen. Sie programmieren sich selbst, um fähig zu sein, nach all diesen Dingen in der Gegenwart zu streben, und um die Energie guter Gesundheit ebenfalls in die Gegenwart zu bringen.

Sie können Ihre Energie auch verändern, indem Sie sich daran erinnern, wie Ihr Körper früher war. So, wie Sie sich fantastisch fühlen können, indem Sie sich an frühere Zeiten erinnern, in denen Sie glücklich und frei waren, können Sie auch zu den Erinnerungen an gute Gesundheit zurückkehren. Indem Sie die Frequenz der Erinnerung an Gesundheit wieder aktivieren und sie dadurch in die Gegenwart holen, stellen Sie den Geist auf eine gesunde Frequenz neu ein. Egal wie lange Sie bereits krank sind, Ihre Erinnerungen an Gesundheit sind stärker und bestehen länger als Ihre Krankheitserinnerung. Sie müssen die Erinnerung an diese Krankheit LÖSCHEN und sich mit den Erinnerungen an Wohlbefinden beschäftigen. (Sie können die Erinnerung daran, gesund zu sein, nicht LÖSCHEN.)

Sie können genesen, einfach indem Sie an die Zeiten denken, in denen Sie gesund und voller positiver Energie waren.

Einer meiner Patienten litt an multipler Sklerose und hatte das Stadium erreicht, in dem ihm das Laufen schwerfiel. Er war völlig aufgelöst und deprimiert, und auch seine Familie litt darunter, seinen Verfall mit anzusehen. Er erzählte mir, dass er früher Sportler gewesen sei, daher fand er es besonders schwer, mit seinem Körper zurechtzukommen, der nicht mehr das leisten konnte, wozu er früher imstande gewesen war.

Ich sagte zu ihm: »Sie sind immer noch Sportler. Sie haben viel mehr Jahre als Sportler verbracht als mit dieser Krankheit.« Ich brachte ihn dazu, seine Erinnerungen daran, fit, stark und mühelos zu laufen, wiederzubeleben. Er holte diese machtvollen positiven Erinnerungen aus seiner Vergangenheit in die Gegenwart und fing dann an, wieder er selbst zu sein. Das machte es mir natürlich viel leichter, ihn zu behandeln.

Wenn Sie Ihre Einstellung nicht ändern, besteht die Möglichkeit, dass Sie sich wieder in die Frequenz Ihrer Krankheit ziehen. Aber Sie sind vorher völlig gesund gewesen und daher wissen Sie bereits, wie es ist, gesund zu sein – Sie müssen es einfach wieder üben.

Es ist nur ein Wort ...

Ich habe bemerkt, dass, sobald wir etwas als eine bestimmte Krankheit »etikettieren«, unser Körper ihr viel leichter nachgibt. Solange es nicht unbedingt notwendig ist, vermeide ich es daher, meinen Patienten etwas über ihre Probleme zu sagen. Ich rede einfach über »Blockaden« und richte meine Aufmerksamkeit darauf, ihre Energie zu klären. Sie werden nicht glauben, wie viele Menschen darüber enttäuscht sind! Viele wollen, dass man ihnen eine lange Liste von Gebrechen aufzählt, und in der Lage sein, jedes einzelne Symptom zu bezeichnen. Sie wollen rechtfertigen, was sie fühlen. Ein paar genießen es sogar, Opfer ihrer Krankheit zu sein, aber indem sie sich ihr anschließen, machen sie es nur noch schlimmer.

Aufgrund der weiten Verbreitung des Internets schlagen außerdem viele Leute eilig ihre Symptome oder ihre Krankheit in Suchmaschinen nach, statt sich die Zeit zu nehmen, auf ihren Körper zu hören und auf das, was er ihnen sagt. Aber weil einige Symptome auf viele Krankheitszustände zutreffen können, kann man leicht von den Informationen und Hinweisen beeinflusst werden und sich selbst einreden, dass man krank sei – manchmal sogar, wenn man gar nicht krank ist.

Kürzlich sorgte eine Geschichte über eine Spanierin für Schlagzeilen. Bei ihr war Eierstockkrebs diagnostiziert worden, und die Ärzte hatten ihr gesagt, sie hätte nur noch zwei Monate zu leben – und zwei Monate später starb sie. Die Autopsie ergab jedoch, dass absolut nichts auf Krebs hinwies. Diese tragische Geschichte beweist, was für eine Wirkung solche Bezeichnungen erzielen können: Obwohl diese Frau bei guter Gesundheit war, schwächte sie ihren Körper unbewusst, weil sie glaubte, krank zu sein.

Statt über ihre Krankheit zu sprechen, sage ich den Patienten daher immer, dass sie sich einfach entspannen und sich in Gedanken an einen friedlichen Ort begeben sollen, weil es viel besser ist, wenn ich ihnen nichts mitteile, was energetische Blockaden erzeugen könnte. Sie können sich zu jeder gewünschten Frequenz hinbewegen, indem Sie an sie denken, und wenn Sie das tun, SENDET Ihr Geist die energetischen Botschaften zu jeder Zelle in Ihrem Körper.

So, wie Krankheiten eine bestimmte Energie haben, können auch Bezeichnungen eine äußerst machtvolle Energie an sich haben. Sie müssen also aufhören, Beruhigung und Trost in Diagnosen und in den damit einhergehenden Bezeichnungen zu finden: Sie müssen die Frequenz dieser Zustände AUFHEBEN, um sich vor der negativen Energie zu schützen. Sie dürfen es sich nicht gestatten, sich auf die Frequenz von Krankheit einzustimmen: Sie müssen anfangen, achtsam zu sein und sich emotional von ihr zu distanzieren, damit Ihr Geist die richtigen Entscheidungen treffen und die Heilung schneller vonstattengehen kann.

Ein praktischer Leitfaden, um eine neutrale Einstellung zur Gesundheit zu gewinnen

Wenn Sie über die negativen Aspekte einer Krankheit nachdenken oder sprechen oder die ganze Zeit darüber grübeln, hindern Sie sich selbst daran, in einem NEUTRALEN Zustand zu sein. Stattdessen verstärken Sie die Frequenz Ihrer Krankheit und erlauben Ihrem Körper und Geist nicht, den Weg aus ihr zu finden.

Sie müssen Ihre Gedanken kontrollieren und sich mit Ihrer Krankheit auseinandersetzen, statt sich von ihr geschlagen zu geben. Dazu ist Folgendes notwendig:

- Wenn Sie sich unwohl fühlen oder irgendwelche Symptome haben, dann suchen Sie im Internet nicht nach Informationen darüber. Indem Sie sich mit diesen Informationen verbinden –

von denen einige vielleicht nicht stimmen und andere vielleicht nicht auf Sie zutreffen –, verbinden Sie sich mit der Frequenz der Krankheit.

- Das Gleiche gilt für Bücher und Zeitschriftenartikel: Wenn Sie sich nicht von den Informationen distanzieren können, dann sollten Sie aufhören, über die Krankheit zu lesen.

- Werden Sie ein außenstehender Beobachter. Treten Sie aus Ihrem Körper heraus. Versuchen Sie sich vorzustellen, dass Sie den Körper eines Freundes betrachten. Was können Sie sehen? Was würden Sie ihm sagen, was er unternehmen sollte, um wieder gesund zu werden? Sollte er sich gesünder ernähren? Sich ausruhen? Sich entspannen? Wenn Sie die Antworten wissen, müssen Sie sie auf sich selbst anwenden. Wie ein unvoreingenommener Beobachter werden Sie die besten Entscheidungen für sich treffen.

- Suchen Sie sich eine neue Beschäftigung – beispielsweise Gitarre spielen, kochen, sich Komödien ansehen, Liebesgeschichten lesen, ins Fitnessstudio gehen oder gar einen Urlaub buchen. Im Grunde genommen geht es darum, dass Sie aufhören, sich mit der Krankheit zu beschäftigen und darin einzuwilligen, ein Bestandteil von ihr zu sein.

- Versuchen Sie, nicht über Ihre Krankheit zu reden. Sie möchten sicher keine Leute um sich haben, die Sie bemitleiden. Finden Sie neue Gesprächsthemen, die Sie auf eine gesunde Energie umstellen.

- Behandeln Sie Ihren Körper mit Respekt. Hören Sie auf alles, was das Beste für Sie ist. Dies können auch Empfehlungen von Ihren Ärzten sein, die Einnahme von Medikamenten und/oder Änderungen in Ihrem Lebensstil.

Beispielsweise entscheiden sich einige Krebskranke gegen eine Chemotherapie, während die meisten in diese Behandlung einwilligen. Aber eine Chemotherapie kann auch mit anderen Veränderungen kombiniert werden, sie könnten sich auf eine gesündere Ernährung umstellen, sich entspannen, in die Sonne hinausgehen und sich Beschäftigungen widmen, die ihnen Spaß machen. Dies sind Ratschläge, die Sie beherzigen sollten, weil Sie wissen, dass sie Ihnen helfen werden, wieder gesund zu werden.

Wenn Sie von Anfang an im richtigen Geisteszustand sind, werden Sie die richtigen Leute, Ärzte und Behandlungsmethoden anziehen, die Ihnen helfen werden, wieder gesund zu werden – und Sie werden die richtigen Entscheidungen treffen. Gesundheit fängt immer im Kopf an.

11
Sie können Ihre Zukunft transformieren

Wir haben uns jetzt durch die ganze Energiepyramide durchgearbeitet, und nun sollten Sie in der Lage sein zu erkennen, wie mächtig Ihr Geist ist. Sie werden auch erkennen können, dass Sie Ihr Leben umfassend transformieren können, indem Sie Ihrer Energiefrequenz und der Energie um Sie herum Aufmerksamkeit schenken. Wir haben also die Theorie behandelt und auch viele Beispiele dafür gesehen, wie Sie Botschaften SENDEN und EMPFANGEN können, um sich zu schützen und um das anzuziehen, was gut für Sie ist. Jetzt ist es an der Zeit, dass Sie das Gelernte in die Praxis umsetzen und sich die Zukunft erschaffen, die Sie sich wünschen.

Wahrscheinlich haben Sie bereits angefangen, Ihre Denkweise zu ändern und die Sie umgebenden energetischen Frequenzen zu beachten. Dennoch habe ich in diesem Kapitel eine Reihe von Übungen angeführt, sodass Sie einen persönlichen Aktionsplan erstellen können, um Ihr inzwischen gewonnenes Wissen in die Praxis umzusetzen. Diese Übungen an einer Stelle zu haben ist praktisch für Sie, denn so können Sie auf sie zurückgreifen, wann immer Bedarf besteht.

Wir beginnen mit einigen allgemeinen Übungen, die hilfreich sind, um Ihren Geist zu fokussieren und die Ideen in diesem Buch zu realisieren. Daran schließen sich Zusammenfassungen der behandelten Themen an mit dem Schwerpunkt darauf, was *Sie* tun müssen, um Ihre Zukunft zu transformieren.

Als Erstes widmen wir uns der Energie-Atmung: Sie sorgt dafür, dass Sie Energie in Ihrem Körper bewegen, und bietet somit eine gute Grundlage für die ganze Arbeit.

Energie-Atmung

Seit langer Zeit und in vielen Kulturen nimmt die Atmung einen wichtigen Platz in den Bemühungen ein, für sich selbst gut zu sorgen. Die Tatsache, dass so viele Menschen überall in der Welt seit vielen Jahren Atemübungen praktizieren, zeigt die bedeutsame Rolle des Atems dabei, ein gesundes Gleichgewicht von Geist und Körper zu erreichen. Es hilft Ihnen außerdem dabei, in einen NEUTRALEN Zustand zu gelangen.

In jedem Teil Ihres Körpers fließt Energie. Dadurch, dass ich die Bewegung der Energie im menschlichen Körper wahrnehme, weiß ich, dass es bestimmte gleichbleibende Energiebahnen gibt, die durch den Körper verlaufen. Die Energie-Atmung hilft Ihnen, Ihre Energie auf diesen Bahnen zu lenken. Auf diese Weise sorgen Sie dafür, dass Ihre Frequenz stark und im Gleichgewicht bleibt.

Wenn Sie viel Zeit für Denk- und Konzentrationsleistungen aufwenden, können Sie sich mit dieser Atmung erden und wieder mit Ihrem Körper verbinden. Und wenn Sie immer auf den Beinen sind, werden Sie sich dank der Stille dieser Übung entspannen können. Erinnern Sie sich daran, dass Ihr Körper und Ihr Geist ja miteinander verbunden sind, und die Energie-Atmung eignet sich perfekt dazu, beide noch näher zu bringen, sodass Sie sich leichter in den NEUTRALEN GEIST-Zustand versetzen können.

Wie Sie Ihren Geist fokussieren

Es ist einfach zu beschreiben, wie man Energie atmet, aber schwerer, einen ausreichend tiefen Entspannungszustand zu erreichen, damit es einem auch gut gelingt. Als Erstes müssen Sie also Ihren Geist trainieren, sich zu konzentrieren. Sobald Sie das beherrschen, werden sich Ihr Körper und Geist automatisch entspannen und Sie beim Atmen unterstützen. Die beiden folgenden Übungen gebe ich oft Leuten an die Hand, um ihnen auf die Sprünge zu helfen.

Die Musik-Übung

- Finden Sie ein Musikstück, das mit zwei Instrumenten gespielt wird, beispielsweise einer Geige und einem Klavier. Hören Sie sich das Stück eine Weile an und genießen Sie es einfach.

- Beim zweiten Mal suchen Sie sich ein Instrument aus, dem Sie folgen möchten, beispielsweise die Geige. Nun geht es darum, dass Sie das andere Instrument ausblenden, sodass Sie nur noch die Geige hören können.

Meiner Meinung nach gelingt einem das am besten, wenn man sich vorstellt, dass die Geige eine Person ist, die man wirklich gern hat – ein Kind, ein Verwandter, der Partner oder ein enger Freund. Indem Sie das Instrument mit Ihren Emotionen und Gedanken verbinden, wird es Ihnen leichterfallen, Ihre Aufmerksamkeit darauf zu richten und zu halten. Gelingt Ihnen das gut, werden Sie das andere Instrument nicht mehr hören.

- Spielen Sie das Stück dann noch einmal ab und lauschen Sie dem anderen Instrument – in diesem Beispiel dem Klavier. Stellen Sie sich dieses Instrument wieder als eine geliebte Person vor und folgen Sie den Klängen. Nach und nach werden Sie bemerken, dass Ihr Geist die Klänge der beiden Instrumente voneinander trennt, und es hat den Anschein, als würden Sie beim Zuhören immer nur eine Seite Ihres Kopfes verwenden.

Das Ziel dieser Übung besteht darin, Ihren Geist zu entspannen und Ihren Fokus auf einen Bereich zu richten. Es kann anstrengend sein, wenn man sehr beschäftigt und eingespannt ist, und dann ist es wichtig, dass Ihr Geist auf einfache Weise zur Ruhe kommt. In Ihrem Körper und Geist spielt sich immer so viel ab, dass Sie in der Lage sein müssen, eine Art Zen-Zustand zu erreichen, in dem Ihr Geist klar ist. Mit etwas Training kann Ihnen diese Übung helfen, die ständige »Hintergrundmusik«, die Sie oft aufnehmen und verarbeiten, ohne sich dessen bewusst zu sein, wahrzunehmen und abzuschalten.

Die Kreise-Übung

Für die zweite Übung werden Sie die folgenden Abbildungen benutzen. Dabei handelt es sich um zwei konzentrische Kreise, wobei Abbildung A einen schwarzen inneren Kreis und einen weißen äußeren hat, während Abbildung B einen schwarzen äußeren und einen weißen inneren Kreis zeigt.

- Als Erstes verdecken Sie Abbildung B mit einem Stück Papier oder etwas anderem, damit sie aus Ihrer Sichtlinie verschwindet. Sie sitzen bequem an einem ruhigen Ort und entspannen sich.

- Sehen Sie sich Abbildung A an. Starren Sie nicht angestrengt darauf, lassen Sie Ihre Augen sich einfach entspannen und betrachten Sie das Bild.

- Schließen Sie nach etwa einer Minute die Augen.
  Sie sollten das Bild noch deutlich vor Ihrem geistigen Auge sehen können, aber es wird in den entgegengesetzten Farben erscheinen: Der äußere weiße Kreis ist nun schwarz und der innere schwarze Kreis weiß. Es ist so, als würde man sich ein Foto ansehen und dann das dazugehörige Negativ.

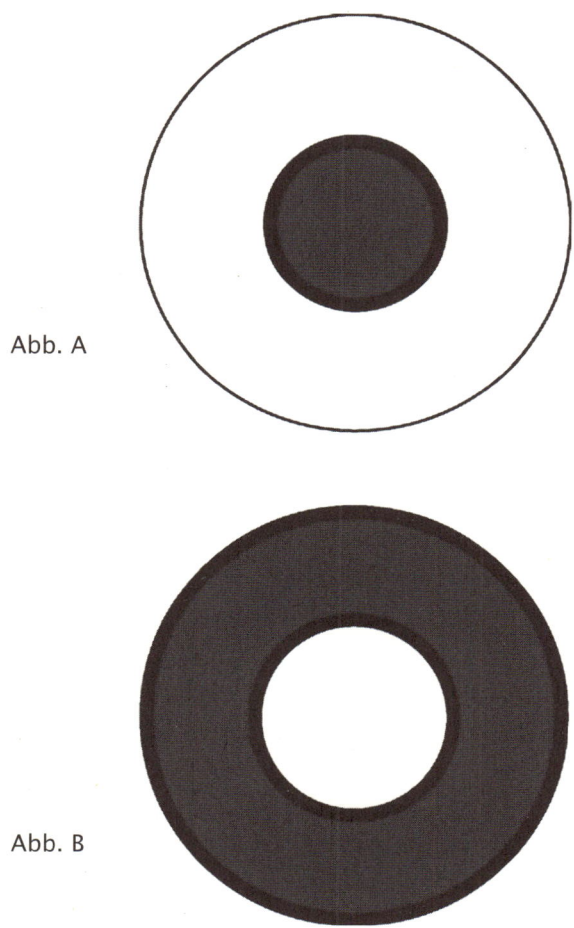

Abb. A

Abb. B

- Sobald es Ihnen gelingt, dieses Bild eine Weile vor Ihrem inneren Auge zu fixieren, öffnen Sie die Augen und sehen Sie sich wieder Abbildung A an.

- Betrachten Sie das Bild wieder für kurze Zeit, ohne sich anzustrengen, und schließen Sie dann erneut die Augen.

- Obwohl Ihr geistiges Auge Ihnen ein Bild zeigen wird, das wie Abbildung B aussieht, versuchen Sie dieses Mal, das Bild umzukehren, sodass Sie das Originalbild in Abbildung A sehen – den weißen äußeren Kreis und den schwarzen inneren Kreis.

- Sobald Sie sich die Abbildung A ins Gedächtnis zurückrufen können, fixieren Sie sie vor Ihrem geistigen Auge so lange, wie Sie können.

Obwohl sich das einfach anhört, kann es bei vielen Leuten sehr viel Übung erfordern, bis sie diese Umkehrtechnik beherrschen. Sie müssen Ihren Geist trainieren, sich das Bild so, wie Sie es tatsächlich gesehen haben, einzuprägen, statt das umgekehrte Bild, das Ihr Geist sehen will.

Diese Übung hilft Ihnen, Ihre Sichtweise der Dinge umzukehren, sodass Sie über das hinaussehen können, was eine negative Situation zu sein scheint, und stattdessen die positiven Dinge um Sie herum wahrnehmen. Sie hilft Ihnen, einen Schritt zurückzutreten und zu beobachten, was vor sich geht, statt darauf zu reagieren – auf diese Weise können Sie NEUTRAL bleiben, ungeachtet dessen, was gerade geschieht.

Wenn Sie fähig sind, Ihre Gefühle umzukehren, können Sie sich vor negativen Frequenzen schützen. Das gelingt einem nicht immer leicht, aber auch wenn es ein hohes Maß an Aufmerksamkeit erfordert, kann es doch überaus entspannend sein.

Allgemeine Hinweise für die Energie-Atmung

Für diese Übungen sollten Sie bequem an einem Ort sitzen, wo Sie ein paar Minuten Ihre Ruhe haben und ungestört sind. Die Schönheit dieser Übungen liegt in ihrer Einfachheit, und das Fokussieren wird Ihnen leichterfallen, je länger Sie üben.

Doch zuvor sollten Sie ein paar Hinweise beherzigen:

- Setzen oder legen Sie sich an einem stillen und behaglichen Ort hin, wo Sie ein paar Minuten lang Ihre Ruhe haben. Sorgen Sie dafür, dass Sie nicht gestört werden. Ich finde eine sitzende Position am besten, weil Sie dann mit größerer Wahrscheinlichkeit wach bleiben.

- Ziehen Sie beim Einatmen den Atem hinunter in das Zwerchfell (direkt unter dem Brustkorb). Auf diese Weise atmen Sie so tief wie möglich und vermeiden flache Atemzüge.

- Vielleicht möchten Sie gern Musik hören – das bleibt Ihnen überlassen. Sorgen Sie in diesem Fall für eine Musik mit sanftem Rhythmus, der dem Tempo der langsamen Atmung entspricht.

- Wahrscheinlich werden Sie es am einfachsten finden, die Übungen mit geschlossenen Augen durchzuführen. Das hilft dabei, jegliche Ablenkungen auszuschließen, und Sie können sich besser auf die Vorgänge in Ihrem Körper konzentrieren.

- Nehmen Sie eine offene Haltung ein, ohne die Arme zu verschränken und die Beine übereinanderzuschlagen.

- Wenn Sie ein paar Minuten Energie geatmet und visualisiert haben, fangen Sie vielleicht an, sich energiegeladen zu fühlen und möglicherweise sogar ein wenig lebhaft. Das ist teilweise auf die erhöhte Sauerstoffzufuhr im Gehirn zurückzuführen, aber auch auf die Bewegung Ihrer Energie. Wenn Sie die Übung beendet haben, entspannen Sie sich noch ein paar Minuten und richten Sie Ihre Aufmerksamkeit allmählich auf Ihre Umgebung. Energie-Atmung kann von sehr starker Wirkung sein, und ein paar Minuten davon kann dazu führen, dass Ihnen schwindelig wird, falls Sie nicht daran gewöhnt sind. Wenn Sie bereit sind, stehen Sie langsam und ruhig auf.

Sich auf die Energie-Atmung vorbereiten

Normalerweise atmet man durch die Nase oder den Mund in die Lunge, wo der Sauerstoff in den Blutstrom übergeht, um dann überall in den Körper transportiert zu werden. Das läuft bei der Energie-Atmung anders. Während dieser Übungen sollen Sie vergessen, wohin der Sauerstoff geht, und einfach daran denken, wohin sich Ihre *Energie* bewegt. Um Sie dabei zu unterstützen, enthalten die Übungen ein visuelles Element.

Eine vorbereitende Übung

Diese erste Übung dauert nicht lange. Sie hilft Ihnen, sich mit allen Teilen Ihres Körpers zu verbinden, und geht der Ganzkörperatmung voran.

- Atmen Sie zunächst ein paarmal tief durch die Nase.

- Richten Sie Ihre ganze Aufmerksamkeit auf Ihren Körper, indem Sie sich der Reihe nach auf jeden einzelnen Teil konzentrieren. Fangen Sie mit den Zehen an. Gehen Sie mit Ihrer Aufmerksamkeit in Ihre Zehen und achten Sie darauf, wie sie sich anfühlen. Vielleicht kribbeln sie vor Energie oder fühlen sich schwer an, weil sie entspannt sind.

- Verweilen Sie mit Ihrem Gewahrsein voll und ganz in den Zehen und dann richten Sie Ihre Aufmerksamkeit in der gleichen Weise auf Ihre Fußknöchel.

- Sobald Sie dort Ihr Gewahrsein spüren, machen Sie mit den Waden und den Knien weiter und bewegen Sie sich so durch jeden Körperteil aufwärts.

- Wenn Sie diese vorbereitende Übung abgeschlossen haben und Ihre Atmung tief und gleichmäßig ist, können Sie eine spezielle Übung durchführen.

Grundlegende Energie-Atmung

Diese Art der Atmung hilft Ihnen am besten, in einen meditativen Zustand zu gelangen, und eignet sich auch gut zum Energietanken.

- Stellen Sie sich beim Einatmen vor, dass Energie durch das Steißbein, auch Wurzelchakra genannt, in Ihren Körper eintritt.

- Lassen Sie beim Einatmen diese Energie sich Ihren Körper hinauf bis zum Solarplexus bewegen. Vielleicht hilft es Ihnen, sich die Energie als eine Farbe oder Licht vorzustellen, das sich durch Sie hindurchbewegt.

- Halten Sie den Atem am Solarplexus drei Sekunden lang an.

- Wenn Sie dann ausatmen, schieben Sie die Energie sanft Ihren Körper hinauf und am Scheitel hinaus.

Wiederholen Sie dieses Atemmuster so lange, wie Sie sich wohlfühlen, beziehungsweise bis zu 30 Minuten.

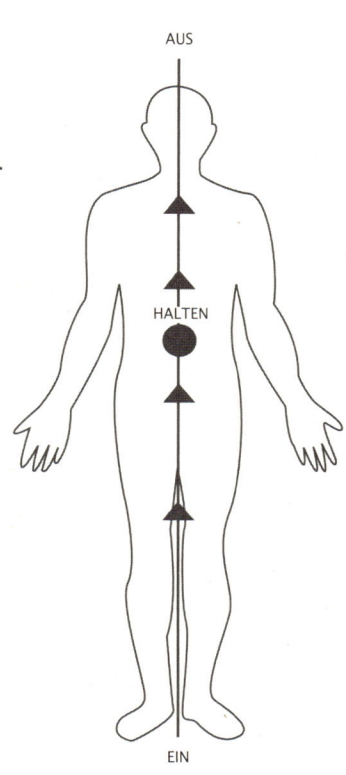

Grundlegende Energie-Atmung

Doppel-T-Ganzkörperatmung

Diese Übung eignet sich sehr gut, um Nieren, Leber und Herz zu reinigen und zu beleben.

- Stellen Sie sich beim Einatmen vor, dass Energie durch das Steißbein, genannt Wurzelchakra in Ihren Körper eintritt.

- Lassen Sie beim Einatmen diese Energie Ihren Körper hinauf bis zum Solarplexus fließen. Vielleicht hilft es Ihnen, sich die Energie als eine Farbe oder Licht vorzustellen, das sich durch Sie hindurchbewegt.

- Schieben Sie beim Ausatmen die Energie sanft an Ihren Körperseiten hinaus, so als würde sie sich durch Ihre Leber, Ihren Magen und Ihre Nieren bewegen.

- Wenn Sie dann wieder einatmen, bringen Sie die Energie in den Solarplexus zurück und halten Sie sie dort drei Sekunden lang.

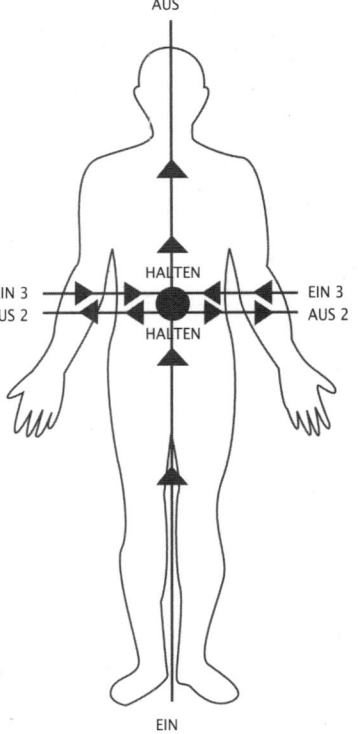

Doppel-T-Atmung

- Beim Ausatmen schieben Sie die Energie sanft durch ihren Körper nach oben und durch den Scheitel hinaus.

Wiederholen Sie dieses Atemmuster so lange, wie Sie sich wohlfühlen, beziehungsweise bis zu 30 Minuten.

Ganzkörperatmung

Dies ist die wichtigste Übung zur Energie-Atmung, die ich unterrichte. Sie eignet sich fantastisch für die Selbstheilung im Allgemeinen — sowohl geistig wie auch körperlich —, und ich führe sie immer in meinen Seminaren durch, denn die perfekte Zeit zum Unterweisen ist, wenn ich die Leute direkt vor mir habe. Ich selbst genieße die Übung immer, weil sie sich so gut anfühlt, und Sie werden sehen, wie wirkungsvoll sie ist. Wie alle anderen Energie-Atmungs-Übungen auch ist sie eine Form der Meditation, da es meiner Meinung nach bei der Meditation darum geht, die Kontrolle über seinen Geist, seine Energie und seine Seele zu haben.

- Atmen Sie zunächst so tief und gleichmäßig wie möglich durch die Nase.

- Sobald Sie sich entspannt fühlen, stellen Sie sich beim Einatmen vor, dass Energie in Ihr Steißbein, auch als Wurzelchakra bekannt, eintritt.

- Bewegen Sie mit Ihrem Willen die Energie Ihre Wirbelsäule empor.

- Lassen Sie beim Ausatmen die Energie durch den Scheitel aus Ihrem Körper austreten. Wiederholen Sie diesen Zyklus ein paarmal. Dies ist der Hauptpfad, den die Energie durch den Körper nimmt, und durch die Wirbelsäule führt sie Ihrem Körper die universelle Energie zu.

- Beim nächsten Atemzyklus bewegen Sie die Energie durch das Wurzelchakra an der Wirbelsäule entlang nach oben wie zuvor, aber diesmal verlässt sie Ihren Körper durch die Mitte Ihrer Stirn direkt über den Augen. Dieser Bereich ist auch als das dritte Auge bekannt.

- Beim nächsten Zyklus schicken Sie die Energie durch die Kehle. Wiederholen Sie das ein paarmal und denken Sie daran, die ganze Zeit tief zu atmen.

- Lassen Sie als Nächstes die Energie durch das Herzchakra austreten. Atmen Sie dabei jedes Mal tief durch jegliches Unbehagen oder jeglichen Widerstand, den Sie vielleicht empfinden, hindurch.

- Beginnen Sie den nächsten Zyklus wie gehabt, aber diesmal lassen Sie die Energie durch den Solarplexus aus dem Körper treten.

- Beim letzten Atemzyklus verlässt die Energie den Körper durch das Sakralchakra, das direkt unterhalb des Nabels liegt.

- Sobald Sie alle sechs Zyklen abgeschlossen haben, zentrieren Sie sich ein paar Augenblicke, bevor Sie sich bewegen.

Durch diese Übung bewegt sich die Energie überall in den wichtigsten Energiekanälen. Der Körper wird gereinigt, während dem Geist eine Ruhepause verschafft wird. Jeder kann diese Übung ohne Bedenken durchführen, und Sie können sich auf Körperbereiche fokussieren, die Ihres Wissens die größte Aufmerksamkeit benötigen.

Der praktische Aspekt der Neutralität

Wenn Sie sich in einen energetischen Zustand versetzen, der ausgeglichen, NEUTRAL und stark ist, kommen Sie dem Leben, das Sie sich wünschen, einen Riesenschritt näher. Wenn Sie auf dieser Frequenz schwingen, können Sie nicht nur klar denken, sehen und fühlen, sondern Sie können auch das anziehen, was gut für Sie ist, und Schritte unternehmen, um dies zu erschaffen.

Wir alle haben ein intuitives Gespür dafür, was wir mit unserem Leben anfangen sollten und was am besten für uns ist, aber wir schenken ihm nicht immer Beachtung. Ihre Energie ist wie Ihr Navigationssystem: Wenn Sie auf dem richtigen Weg sind, schwingt sie stark, und wenn Sie vom Kurs abkommen, verändert sie sich. Dann ist der Zeitpunkt gekommen, etwas zu unternehmen. Aber diesen Zeitpunkt können Sie nur erkennen, wenn Sie in einem NEUTRALEN Zustand sind.

Es wird Ihnen viel leichter gelingen, im Zustand der NEUTRALITÄT zu sein, wenn Sie bei guter körperlicher Gesundheit sind. Bei vielen der gleich folgenden Tipps handelt es sich um Maßnahmen, die Ihnen wahrscheinlich als allgemeine gesundheitliche Hinweise bekannt sind. Aber vielleicht ist Ihnen nicht klar, dass dadurch auch Ihre Frequenz beeinflusst wird.

- Treiben Sie regelmäßig Sport.

- Verbringen Sie Zeit in der freien Natur und schöpfen Sie – sooft Sie können – frische Luft.

- Trinken Sie viel Wasser und Kräutertee.

- Schränken Sie Ihren Koffein- und Alkoholkonsum ein.

- Vermeiden Sie Nikotin und alle anderen Drogen.

- Schlafen Sie sich ordentlich aus, damit Sie sich erfrischt und ausgeruht fühlen.

- Ihr Speiseplan sollte viel Obst, Gemüse und qualitativ gutes Eiweiß enthalten.

- Schränken Sie den Konsum von Kohlenhydraten ein, die schnell Energie in Ihrem Körper freisetzen, wie beispielsweise weißes Brot und weißen Reis.

- Schränken Sie den Konsum von zuckerhaltigen Lebensmitteln und Junkfood ein.

- Führen Sie regelmäßig Entspannungs- oder Meditationsübungen durch.

Indem Sie für sich sorgen, zeigen Sie, dass Sie sich selbst respektieren, und Ihre Energie wird stärker und ausgeglichener werden. Dadurch wird es Ihnen wiederum leichterfallen, das anzuziehen, was Sie sich wünschen. Wenn Sie Ihr Leben ändern wollen, müssen Sie dafür sowohl körperlich als auch geistig bereit sein.

Finden Sie heraus, was Sie brauchen

Wenn Sie Ihren Gefühlen Gehör schenken und Ihren Geist kontrollieren können, werden Sie in der Lage sein zu erkennen, was Sie in Ihrer Zukunft benötigen. Begeistern Sie sich für Ihre Ziele und Träume. Denken Sie nicht einfach über sie nach, sondern beachten Sie Ihre Gefühle, wenn Sie sich vorstellen, dass Ihre Wünsche wahr werden.

Sehen wir uns dazu ein paar einfache Beispiele an:

- Wenn Sie wirklich Ski laufen wollen, müssen Sie sich in Ihrer Vorstellung sehen, wie Sie es tun. Und wenn Ihr Geist dies sehen kann, wird er darauf programmiert, Sie dorthin zu bringen. Daher ziehen Sie die richtige Energie an, um zu bekommen, was Sie brauchen. Sie werden genügend Geld anziehen, das richtige Fitnessniveau und den passenden Ferienort.

- Wenn Sie sich selbstständig machen wollen, sollten Sie sich vorstellen, dass Ihr Geschäft erfolgreich ist, und planen, wie Sie dorthin gelangen: Stellen Sie sich vor, die richtige Finanzierungsform zu finden, visualisieren Sie Personen, die Ihnen bei der Gründung helfen, und die besten Räumlichkeiten. Dann stellen Sie sich Massen von Kunden vor, die zu Ihrem Geschäft angezogen werden.

- Wenn Sie sich ein neues Haus wünschen, müssen Sie sich sehen, wie Sie in das Haus Ihrer Träume einziehen. Sie sind angespornt, Geld zu sparen, Sie sehen sich, wie Sie befördert werden oder eine Gehaltserhöhung bekommen, sodass Sie noch mehr zurücklegen können, und Sie sehen sich, wie Sie das richtige Haus schnell und ohne Probleme finden.

- Wenn Sie einen neuen Job haben wollen, müssen Sie sich bereits in ihm sehen. Dann werden Sie anfangen, sich nach neuen Gelegenheiten umzuschauen. Denken Sie darüber nach, sich neue Fähigkeiten und Fertigkeiten anzueignen, die Sie vielleicht benötigen, und stellen Sie sich vor, wie Sie zuversichtlich und kompetent den Vorstellungsprozess durchlaufen.

Sie müssen Ihre Ziele sehen *und* sich gefühlsmäßig darin hineinversetzen. Außerdem müssen Sie daran glauben, dass sie wahr werden, und Sie müssen wirklich versuchen, sich in die Situation einzufühlen, in der diese Ziele Wirklichkeit werden, sodass Sie sehen können, wie es sich anfühlen wird, wenn es dann tatsächlich passiert.

Sehen Sie das Leben, das Sie sich wünschen

Sobald Sie angefangen haben, sich mit Ihren Wünschen zu beschäftigen, indem Sie im Zustand der NEUTRALITÄT sind, können Sie die folgende überaus wirkungsvolle Übung durchführen. Sie wird Ihnen helfen, sich auf die Zukunft zu fokussieren. Dadurch trainieren Sie Ihren Geist, bereits dort zu sein, als ob das, was Sie sich wünschen, *bereits eingetreten wäre*.

Sich auf die Zukunft fokussieren

- Suchen Sie sich einen ruhigen Platz, an dem Sie mindestens fünf Minuten lang ungestört sind.

- Denken Sie an etwas, was nach Ihren Wünschen in der Zukunft geschehen soll. Sorgen Sie dafür, dass es ein positives Bild ist und etwas, was Sie wirklich wollen. Achten Sie darauf, dass Ihre Energie und Ihr Instinkt sich gut anfühlen, während Sie darüber nachdenken. Falls Sie irgendwelche Zweifel hegen sollten oder Ihnen ein leiser Verdacht kommen sollte, dass es nicht richtig für Sie ist, richten Sie Ihre Aufmerksamkeit auf das, was Ihre Intuition Ihnen eingibt, und verändern Sie, was immer Sie verändern müssen, damit es sich gut anfühlt.

- Wenn es sich klar und motivierend anfühlt, stellen Sie sich nun in dieser Situation vor. Machen Sie von all Ihren Sinnen Gebrauch, um zu erleben, was Sie sehen und hören und wie Sie sich fühlen, sobald Sie Ihr Ziel erreicht haben.

- Verweilen Sie ein paar Minuten lang in dieser zukünftigen Situation oder so lange, bis Sie fühlen, dass Ihre Energie sich verändert. Vielleicht fühlen Sie sich stark oder aufgeregt, so als ob Sie wüssten, dass es wirklich geschehen wird.

- Wenn Sie sich bereit fühlen, richten Sie Ihre Aufmerksamkeit wieder auf die Gegenwart und nehmen Sie sich ein wenig Zeit, um sich zu orientieren.

Mit dieser Übung bereiten Sie sich auf das vor, was Sie sich wünschen. Sie können sie für jeden Wunsch durchführen, egal, wann in der Zukunft er sich manifestieren soll – Wochen, Monate oder Jahre im Voraus. Und wenn Ihre Wünsche dann wirklich wahr werden, werden Sie bereit sein, damit umzugehen.

Halten Sie Ihre Ziele schriftlich fest

Wenn Sie etwas wirklich wollen und in die NEUTRALITÄT finden, können Sie Ihren Wunsch ans Universum SENDEN. Es kann einen großen Unterschied machen, wenn Sie Ihre Wünsche schriftlich festhalten. Denn dadurch verschaffen Sie sich Klarheit und fokussieren außerdem Ihren Geist. Wie die Frau – von der auf Seite 138 die Rede war, die aufschrieb, was für einen Mann sie kennenlernen und bis zu welchem *Zeitpunkt* sie ihm begegnen wollte – sollten Sie die Zeit präzise angeben, in der Sie Ihre Ziele erreichen wollen.

Einer meiner Freunde wollte unbedingt in einer Villa wohnen. Diesen Traum hatte er schon immer gehabt. Er konnte sich vorstellen, wie die Villa aussehen würde, und er schrieb auf, was er wollte – wie viele Zimmer, wie es innen und außen aussehen würde, wie der Garten war und wo es war. Er schrieb auf, dass er in fünf Jahren in diesem Haus leben wollte. Dann steckte er das Blatt Papier in einen Briefumschlag, schrieb darauf das in der Zukunft liegende Datum, legte den Umschlag in eine Schublade und dachte über die ganze Sache nicht mehr nach. In den folgenden Jahren zog er den richtigen Job an, verdiente Geld und sparte. Er zog mit seiner Familie um, und als sie die Kisten in seinem neuen Heim auspackten, stieß er auf den verschlossenen Briefumschlag. Es war das Datum, das er darauf geschrieben hatte. Dann erinnerte er sich daran, dass er damals seinen Traum schriftlich festgehalten hatte. Und als er den Umschlag öffnete und las, was er vor all den Jahren geschrieben hatte, stellte er fest, dass er nun – bis ins kleinste Detail – in seiner Traumvilla war. Was er sich fünf Jahre zuvor gewünscht hatte, war Wirklichkeit geworden.

Dies ist eine sehr einfache, aber zugleich wirkungsvolle Übung, die auch sehr viel Spaß macht. Und *neben* dem Aufschreiben Ihrer Wünsche oder *stattdessen* können Sie sich auch auf visuelle Weise damit beschäftigen, indem Sie Bilder von Ihren Zielen sammeln und eine Collage von Ihrer Zukunft erstellen. Manche nennen das auch Schatzkarte.

Am Neujahrstag beschloss ich, meine Aufmerksamkeit im neuen Jahr darauf zu richten, wirklich das zu bekommen, was ich mir vom Leben wünschte. Ich fand ein großes Stück Pappe und sah auf der Suche nach inspirierenden Bildern einige alte Zeitschriften durch.

Einer meiner sehnlichsten Wünsche war ein luxuriöser Urlaub, und ich fand ein Bild in einem Reisemagazin von einem wunderschönen Strand mit einem herrlichen Hotel im Hintergrund. Ich wusste nicht, wo das war, aber es sah perfekt aus. Ich hängte es an eine Wand in meinem Schlafzimmer, und nach einer Weile vergaß ich, dass es dort war.

Ein paar Monate später fingen mein Mann und ich an, uns um unseren nächsten Urlaub zu kümmern, und ich überließ ihm die ganze Organisation. Eines Tages kam er ganz aufgeregt von der Arbeit nach Hause. Er erzählte mir, dass er den Urlaub gebucht habe, und zeigte mir den Ferienort in einem Katalog. Es war auf Mauritius und es sah einfach toll aus – und vertraut. Ich lief die Treppe hoch, um einen Blick auf das Bild an meiner Wand zu werfen: Ohne es zu wissen, hatte mein Mann den Traumurlaubsort gebucht, den ich »gewählt« hatte!

Sie können mit dieser Übung viel Spaß haben und dabei Ihrer Kreativität freien Lauf lassen. Und, wie die Geschichten zeigen, sollten Sie darauf achten, dass Sie *wirklich* wollen, was Sie sich auswählen – da Sie es höchstwahrscheinlich auch bekommen.

Ziehen Sie das an, was am besten für Sie ist

Die nächste Übung hilft Ihnen zu erkennen, wie wertvoll es ist, sich über Ihre Wünsche im Klaren zu sein, und wie Ihnen diese Klarheit das verschaffen kann, was Sie brauchen.

Sehen, was Sie sehen wollen

- Sehen Sie sich die Formen an.

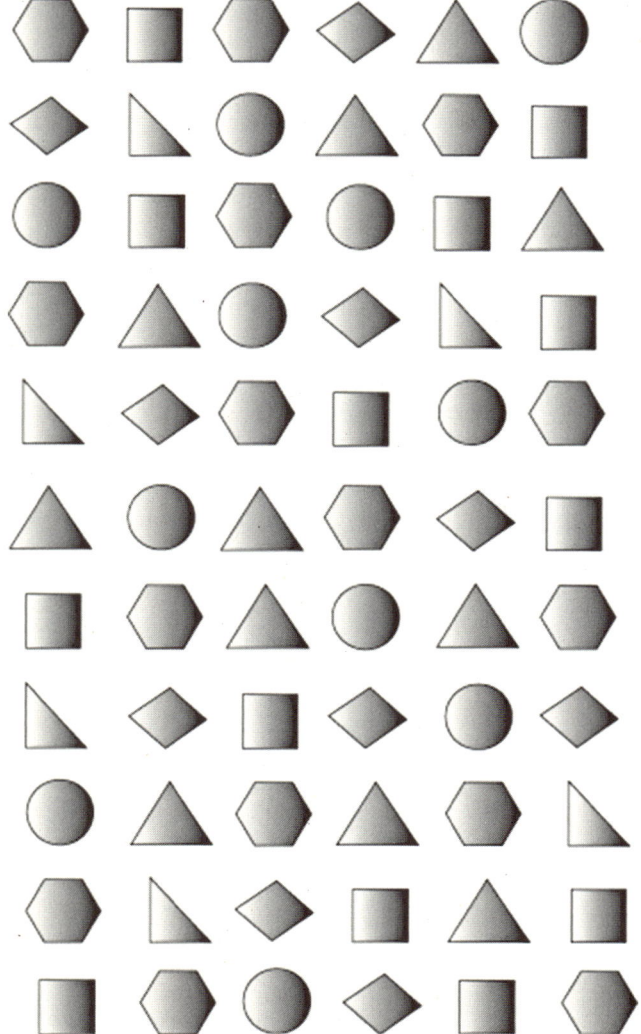

- Konzentrieren Sie sich jetzt darauf, alle Dreiecke zu finden.
- Versuchen Sie dann, alle Kreise zu finden.
- Fahren Sie damit fort, bis Sie alle Formen durchgegangen sind: Dreieck, Kreis, Sechseck, rechtwinkliges Dreieck, Quadrat und Raute.

Ist Ihnen aufgefallen, dass Ihr Geist sehr schnell die Form auswählt, die Sie sehen wollen? Wenn Sie sich eine Zeit lang auf eine bestimmte Form konzentriert haben, werden Sie feststellen, dass die entsprechenden Abbildungen auf der Seite hervorstechen.

Auf ähnliche Weise findet Ihr Geist die Dinge im Leben, die Sie erwarten oder sich erhoffen, und wenn Sie Ihre Wahrnehmungskanäle öffnen, werden Sie wirklich anfangen zu erkennen, wie sich Ihre Energie verändert, wenn Sie fokussiert und sich über Ihre Wünsche im Klaren sind.

Vielleicht kommt Ihnen diese Situation bekannt vor: Sie wollen ein neues Auto haben und kaum haben Sie sich für ein bestimmtes Modell entschieden, sehen Sie es überall. Jede Frau, die schwanger ist, wird auf einmal überall schwangere Frauen sehen, egal wo. Sie fangen auf ganz natürliche Weise an, sich auf die Dinge einzustimmen, über die Sie nachdenken. Deshalb bewegen Sie sich auf einer anderen Frequenz und ziehen entsprechende Dinge an, seien es Arbeitsmöglichkeiten, das richtige Haus, eine bestimmte Eigenschaft in einer Person – oder auch Münzen, wie die folgende Geschichte zeigt.

Einmal waren meine Partnerin und ich in einem Supermarkt und hatten gerade unseren Einkauf erledigt. Plötzlich sagte sie zu mir: »Ich werde eine Pfund-Münze finden.« Sie war sich ihrer Sache absolut sicher. Sie ging hinüber zu den Einkaufswagen und kam dann tatsächlich mit einer Pfund-Münze wieder. Vielleicht denken Sie, dass so etwas recht häufig in Supermärkten passiert, weil man Pfund-Münzen als Pfand für die Einkaufswagen verwendet. Aber das war erst der Anfang ...

Ein paar Monate später tauchte mehr Geld auf. Tatsächlich hatte es den Anschein, als ob sich Geld zeigte, egal wohin wir gingen. Es war eigenartig – und überhaupt nicht normal für uns. Bei einer Gelegenheit waren meine Schwiegereltern zu Besuch bei uns, und gemeinsam fuhren wir zu unserem örtlichen Gartencenter. Wir erzählten ihnen von all den Münzen, die wir gefunden haben, seitdem wir von Seka behandelt wurden, und die Mutter meiner Partnerin fand das sehr amüsant. Ich bin mir nicht sicher, ob sie uns glaubte. Wir stiegen aus dem Wagen, und nach zehn Schritten fand meine Partnerin eine 20-Pence-Münze auf dem Boden. Wir brachen alle in Gelächter aus! Ein paar Wochen später scherzte meine Partnerin, dass wir bisher nur Münzen gefunden hätten und dass es jetzt an der Zeit wäre, Banknoten zu finden. Wir dachten nicht weiter darüber nach, weil sie nur Spaß gemacht hatte. Später an jenem Tag ging sie in den Supermarkt und kam mit einem breiten Lächeln auf ihrem Gesicht wieder nach Hause. Sie hatte einen Fünf-Pfund-Schein gefunden!

Zu der Zeit tauchten so häufig Münzen auf, dass wir anfingen zu notieren, wann immer wir welche fanden. Daher kann ich zuverlässig berichten, dass wir in den vergangenen zwölf Monaten insgesamt 44 Münzen und eine Banknote gefunden haben. Das Interessante dabei ist jedoch, dass wir keine finden, wenn wir bewusst Ausschau halten. Wir stoßen fast immer auf Münzen, wenn wir es überhaupt nicht erwarten. Außerdem danken wir immer dem Universum und spenden den doppelten Betrag unserer Funde. Vielleicht ist das ja auch der Grund, warum wir ständig Geld anziehen!

Diese Geschichte zeigt, dass es erstaunlich ist, was Sie finden können, wenn Sie Ihre Aufmerksamkeit darauf richten. Indem Sie Ihre Frequenz auf eine bestimmte Sache einstellen, wächst die Wahrscheinlichkeit, dass Sie diese auch anziehen.

Stimmen Sie Ihre Absicht auf Ihr Handeln ab

Sie können jedoch nicht einfach nur träumen und darauf warten, dass Ihnen alles in den Schoß fällt! Sobald Sie dem Universum eine Botschaft über Ihren Wunsch geschickt haben, müssen Sie aufhören, daran zu denken, und anfangen, sich dafür zu öffnen, Ihre Fähigkeiten und Ihre Kreativität auf die richtige Weise einzusetzen. In dem zuvor erwähnten Beispiel sorgte der Mann dafür, der davon träumte, in einer Villa zu leben, dass er schwer arbeitete, um sein Geschäft aufzubauen und um erfolgreich zu sein, damit er seinen Traum verwirklichen konnte. Er tat das nicht bewusst, aber sein Unterbewusstsein wusste, was er wirklich erreichen wollte.

Oft müssen Sie sich ausstrecken und sich ins Zeug legen, um die Ziele zu erreichen, die ein wenig außer Reichweite zu sein scheinen. Wie die nächste Geschichte zeigt, wird das Universum, wenn Sie dies mit einer positiven Absicht tun, für Sie sorgen:

> *Früher wohnte ich einmal neben einer Schauspielerin. Obwohl sie schon seit vielen Jahren arbeitete, hatte sie immer nur kleine Rollen an Land gezogen. Eines Tages schwatzten wir miteinander, und sie erzählte mir, dass sie ein Haus gesehen habe, das ihr wirklich gut gefiel, dass sie es sich aber nicht leisten könne, weil sie nicht genügend Aufträge habe. Ich sagte ihr, sie solle sich ausstrecken und sich vorstellen, dass sie genügend Arbeit und Geld hätte, um sich dieses hübsche Heim kaufen zu können. Sie meinte, dass sie noch nie auf diese Weise gedacht hätte, und etwas in ihr veränderte sich.*
>
> *Sie richtete ihr Herz und ihre Absicht auf dieses Haus aus, und binnen weniger Monate wurden ihr mehrere Jobs angeboten, unter anderem eine Hauptrolle in einer bekannten Fernsehserie. Es gelang ihr dann auch, ihr Traumhaus zu kaufen.*

Wenn Sie Ihre Energie ausstrecken, wird alles folgen, und es werden sich Ihnen Gelegenheiten auftun.

Die Welt bringt Sie natürlich nicht automatisch auf den richtigen Weg. Sie müssen ihn selbst finden, und dafür müssen Sie allen Zeichen, die Sie vom Super-Unterbewusstsein EMPFANGEN, Aufmerksamkeit schenken. Erinnern Sie sich daran, dass Koinzidenzen mehr sind als zufällige Geschehnisse – sie sind Zeichen, dass Sie eine Botschaft SENDEN, und Sie müssen auf sie hören.

Die richtigen Beziehungen finden

Wie ich bereits in Kapitel 9 erwähnte, müssen Sie sich der Energie bewusst sein, die Sie anderen Menschen SENDEN und die Sie von ihnen EMPFANGEN. Dadurch können Sie erkennen, ob die Menschen in Ihrem Leben Ihnen guttun.

Wenn Sie eine Beziehung hinter sich gebracht haben, ob sie nun dem entsprach, was Sie zu der Zeit wollten, oder nicht, sollten Sie sie jetzt als eine positive Erfahrung betrachten. Denken Sie an die Dinge, die diese Person nicht hatte oder nicht tat. Vielleicht hat sie Sie nicht zum Lachen gebracht. Vielleicht wollte sie nicht mehr intim mit Ihnen sein. Vielleicht hat sie Sie nicht unterstützt oder Ihnen ein Gefühl der Minderwertigkeit vermittelt. Es wird immer einen Grund geben, warum Sie einen besseren Partner haben *könnten* und *sollten*. In dieser Situation kann es hilfreich für Sie sein, Folgendes zu bedenken:

- »Es ist besser, dass es jetzt geschehen ist, bevor wir geheiratet/Kinder bekommen/ein Haus gekauft haben.«

- »Es ist besser, dass ich dies herausgefunden habe, bevor ich den Rest meines Lebens mit ihm verbracht hätte.«

- »Es ist für uns beide besser, weil wir jetzt die Menschen anziehen werden, die wir brauchen und die wir verdienen, die Menschen, die uns guttun.«

Wenn Sie all die Gründe einsehen, warum die Trennung das Richtige für Sie beide war, wird es Ihnen leichterfallen, loszulassen und weiterzugehen – und das wird Ihnen den Raum geben, um eine andere Person anzuziehen.

Und wenn Sie konkret auf Partnersuche sind, denken Sie daran, all die Eigenschaften und Merkmale niederzuschreiben, die Sie sich bei jemandem wünschen – die Eigenschaften, die *Ihnen* am wichtigsten sind und die Sie glücklich machen werden. Sie müssen darüber nachdenken, was genau Sie sich wünschen: wie sich die Person verhalten soll, wie sie aussehen soll und all die anderen Eigenschaften, die Sie attraktiv finden.

Sie sollten außerdem schriftlich festhalten, wo Sie mit dieser Person Zeit verbringen wollen, und sich selbst mit ihr an all den Plätzen vorstellen. Sie müssen sich das Leben, das Sie sich wünschen, und die Person, mit der Sie es teilen wollen, so detailliert wie möglich vorstellen.

Sie können es auch visualisieren. Das kann Ihnen helfen, sich an das Gefühl zu gewöhnen, mit der richtigen Person zusammen zu sein. So beginnen Sie, tief in Ihrem Inneren zu wissen, dass es geschehen wird.

Mit der richtigen Person zusammen sein

- Suchen Sie sich einen ruhigen Platz, wo Sie mindestens fünf Minuten lang ungestört sitzen können.
- Denken Sie an die Person, mit der Sie in Zukunft zusammen sein wollen. Sorgen Sie dafür, dass es ein positives Bild ist und jemand, der wirklich Ihren Wünschen entspricht.
  Sie können das anhand Ihrer Energie und Ihres Instinkts überprüfen, wie sie sich anfühlen, wenn Sie daran denken. Falls Sie irgendwelche Zweifel hegen oder einen leisen Verdacht haben, dass diese Person nicht richtig für Sie ist,

schenken Sie dem Ihre Aufmerksamkeit, was Ihre Intuition Ihnen eingibt, und verändern Sie, was immer Sie an dieser Person verändern müssen, damit es sich gut anfühlt.

- Wenn es sich klar und motivierend anfühlt, stellen Sie sich jetzt zusammen mit dieser Person vor. Erleben Sie das mit all Ihren Sinnen. Was sehen Sie, was hören Sie und wie fühlen Sie sich?

- Verweilen Sie in dieser zukünftigen Erfahrung, in dieser zukünftigen Beziehung, ein paar Minuten lang oder so lange, bis Sie merken, wie sich Ihre Energie verändert. Vielleicht fühlen Sie sich stark oder aufgeregt, als ob Sie wüssten, dass es wirklich geschehen wird.

- Wenn Sie sich bereit fühlen, richten Sie Ihre Aufmerksamkeit wieder auf die Gegenwart und nehmen Sie sich ein wenig Zeit, um sich zu orientieren.

Wie Sie sich selbst schützen

Wenn Sie von Menschen mit einer aufzehrenden, erschöpfenden Energie umgeben sind, etwa Personen, die *immer* deprimiert sind, eine negative Einstellung zum Leben haben oder denen es gut geht, wenn Dinge schiefgehen, sollten Sie vorsichtig sein. Wenn Menschengruppen zusammenkommen und eine negative Energie miteinander teilen, kann der »Sog« besonders stark sein.

Aber Sie haben, wie in jeder Situation, in der Sie sich wiederfinden, immer die Kontrolle über Ihre eigenen Reaktionen. Sie müssen sich nicht daran beteiligen. Manchmal sagen Leute, dass sie besonders »feinfühlig« auf bestimmte Energien reagieren, aber Sie müssen von dieser Feinfühligkeit Abstand gewinnen und sie beobachten, statt in sie hineingezogen zu werden. Sie haben immer eine Wahl. Feinfühlig zu sein ist eigentlich eine

Gabe, weil Sie spüren, wenn etwas nicht richtig ist, und dann die Entscheidung treffen können, sich davon zu distanzieren.

Diese Art von negativem »Sog« findet man ziemlich häufig in Arbeitsumgebungen, wo Leute gern die Köpfe zusammenstecken, um sich zu beklagen. Vielleicht jammern sie über ihren Chef, über die Anforderungen ihres Jobs oder über Kollegen im Büro. Aber selten entsteht aus dieser Art der »Gruppennegativität« irgendetwas Gutes.

In einer derartigen Situation ist das Beste, was Sie für sich tun können, Abstand zu gewinnen, NEUTRAL zu sein und zu beobachten, was vor sich geht. Indem Sie sich davon loslösen, werden Sie vor dieser aufzehrenden Energie geschützt sein. Sie müssen nicht so sein wie alle anderen. Sie können immer Sie selbst sein.

Wenn Sie sich der Frequenzen um Sie herum bewusst sind und dessen, was Ihr Bauchgefühl Ihnen sagt, fangen Sie bereits an, sich selbst zu schützen. Sobald Sie der Zeichen, die Sie erhalten, gewahr werden, können Sie eine Wahl darüber treffen, was Sie tun wollen, mit wem Sie Ihre Zeit verbringen möchten und wie Sie auf die Geschehnisse um Sie herum reagieren wollen.

Wie es Ihnen gelingt, bei bester Gesundheit zu sein

So, wie jeder von uns unterschiedlich begabt ist in Bereichen wie Sport oder Musik, ist auch die Heilfähigkeit bei jedem von uns unterschiedlich ausgeprägt. Während nur wenige Menschen imstande sind, andere mit viel Erfolg zu heilen, so können wir doch alle unsere Aufmerksamkeit auf unsere eigene Energie richten, um für unsere Gesundheit und unsere Heilung zu sorgen.

Sie müssen darauf achten, wie Ihre Energie von Dingen um Sie herum – Menschen, Plätzen etc. – beeinflusst wird. Wann fühlen Sie sich erschöpft und ausgelaugt? Wann fühlen Sie sich am lebendigsten? Wie macht es sich bemerkbar, dass Sie sich ausruhen und entspannen müssen? Was sind Ihre Schwachpunkte – die ersten Anzeichen dafür, dass Sie schlappmachen? Vielleicht bekommen Sie Halsschmerzen oder Hautausschlag oder Verdauungsprobleme oder Schlafstörungen. Wir sind alle anders, und das trifft auch auf unsere Grenzen zu. Daher müssen Sie sich auf Ihre Energie einstimmen und herausfinden, was sich bei Ihnen abspielt, wenn das Leben mühsam und anstrengend wird.

Sobald Sie sich Ihrer Grenzen bewusst sind, können Sie lernen, Nein zu sagen zu allem, was Sie von Ihrer Gesundheitsfrequenz entfernt. Ihre Gesundheit steht an erster Stelle, auch wenn ein Teil Ihres Lebens die Pflege anderer beinhaltet. Sie können sich nicht um andere Leute kümmern, wenn Sie nicht stark und gesund sind. Akzeptieren Sie also, dass Sie, wenn Sie zu jemandem Nein sagen, im Grunde Ja zu sich selbst sagen. Seien Sie sich darüber im Klaren, wer Sie sind und was Sie tun können.

Andererseits müssen Sie auch darauf achten, welche Dinge dazu führen, dass Sie sich am lebendigsten fühlen. Das könnten beispielsweise folgende Aktivitäten sein: ein Musikinstrument spielen oder singen, bergsteigen, sich am Meer aufhalten, Zeit mit Ihren Kindern, Ihrem Partner, Ihren Freunden oder Ihrer Familie verbringen, sich künstlerisch betätigen wie Bildhauern, Zeichnen, Malen oder Gärtnern. Indem Sie erkennen, was Ihnen guttut, und sich dann solchen Aktivitäten widmen, tragen Sie dazu bei, dass Ihre Frequenz stark und in Einklang bleibt, und auf diese Weise können Sie auf Dauer gesund bleiben.

Lieben und respektieren Sie Ihren Körper

Wenn Sie krank sind oder Schmerzen haben, müssen Sie Ihren Körper noch mehr lieben und respektieren, als wenn Sie gesund sind. Auch wenn ein Teil Ihres Körpers nicht gut funktioniert oder wenn Sie ihn wirklich nicht mögen, müssen Sie ihm mehr Aufmerksamkeit schenken als den anderen:

- Sagen Sie jedem Körperteil von Ihnen, dass Sie ihn lieben und schätzen.
- Wenn Sie nicht krank sind, aber Ihren Körper einfach nicht mögen (vielleicht weil Sie finden, dass er zu dick oder zu dünn ist), denken Sie daran, ihm schöne Dinge zu sagen.
- Schenken Sie sich insgesamt so oft wie möglich positive Aufmerksamkeit.

Wenn Sie einen Garten haben, kümmern Sie sich um die Pflanzen, die eingehen, welken oder einfach nur viel Pflege benötigen. Wenn Sie für Kinder sorgen oder sie unterrichten, schenken Sie denen mehr Aufmerksamkeit, die sich abquälen oder ausgeschlossen werden. Genau das Gleiche müssen Sie für Ihren Körper tun: Ignorieren Sie nicht die Teile von Ihnen, die am meisten Ihrer Liebe und Aufmerksamkeit bedürfen.

Die Frequenz von Wörtern

Weil Sprache, sowohl schriftlich als auch mündlich, in unserer Welt so wichtig ist, hilft es, die richtigen Wörter zu verwenden, um das anzuziehen, was Sie sich wünschen. Ebenso wie Gegenstände, Menschen, Plätze, Gedanken und Gefühle haben auch Wörter ihre eigene Frequenz.

Wie machtvoll ein Wort sein kann, können Sie daran sehen, wie Menschen auf eine Krankheit reagieren. Wenn beispielsweise jemand erfährt, dass er Krebs hat, vermag ihm dieses Wort so viel Angst und negative Emotionen einzuflößen, dass er infolgedessen diese negative Frequenz anzieht, während es doch eigentlich sein Wunsch ist, davon loszukommen.

Wörter und Energie

- Wählen Sie Wörter, die Ihnen ein gutes Gefühl vermitteln und die Ihre Energie stärken. Sprechen Sie die folgenden Wörter laut und achten Sie darauf, wie Sie sich dabei fühlen.

Liebe   Fließen   Frieden

Spaß   Kraft   Gleichmut

Energie   Lachen   Ozean

Kreativität   Blumen

Liebkosungen   Energie

Sonnenschein

Wärme   Lächeln

Natur

Leidenschaft

Himmel   Mitgefühl

Freude

Melodie   Duft

Wonne

Gras   Baby

Behaglichkeit

Glück

Natur   Herzensgüte   Melodie

Schönheit   Kuss

Kichern   Freundlichkeit

Geliebte/Geliebter

Gesundheit   Wärme

Ich habe zwar keine Liste mit negativen Wörtern erstellt, aber ich bin mir sicher, dass Sie wissen, welche Gefühle diese bei Ihnen bewirken würden. Denken Sie, wenn Sie diese Übung durchführen, über die Wörter nach, bei denen Sie sich am besten und am wohlsten fühlen.

Auch wenn Wörter wichtig sind, werden Sie dadurch, dass Sie sie einfach nur aussprechen, nicht den vollen Nutzen daraus ziehen. Wörter tragen zwar eine Energie in sich, aber wenn Sie mit dem jeweiligen Wort Ihre Überzeugung und Ihre Absicht verbinden, machen Sie diese Energie noch viel stärker und unwiderstehlicher.

Sie können mit dieser Idee spielen, indem Sie sagen: »Ich liebe dich«, aber dabei wirklich wütend sind. Dann stellen Sie sich das Gesicht von jemandem vor, den Sie zutiefst lieben, und sagen Sie wieder: »Ich liebe dich.« Achten Sie darauf, wie sich die Qualität der Energie – sowohl der Energie der Wörter als auch der Energie in Ihnen – mit Ihrer Absicht ändert.

Einige Wissenschaftler haben sogar Forschungen zu der Wirkung von Wörtern auf unsere Gesundheit angestellt. Zu den bekanntesten Forschern auf diesem Gebiet zählt der Japaner Masaru Emoto. Er und sein Team schrieben Wörter auf Zettel, befestigten sie an Wassergläser und ließen diese über Nacht stehen. Die Struktur der Wassermoleküle wurde vorher und nachher verglichen, und die Forscher fanden heraus, dass bei negativen Redewendungen und Wörtern die Moleküle zerfielen und instabil wurden, während positive Redewendungen wie »Liebe und Anerkennung« und »Danke« zu gesunden Mustern in den Molekülen führten. Der menschliche Körper enthält etwa 55 bis 75 Prozent Wasser, und folglich werden unsere Zellen von der Frequenz von Wörtern auf eine ganz ähnliche Weise beeinflusst wie die Wassermoleküle.

Die Frequenz von Farben

Auch beschreibende Wörter haben Energie, daher kann man auch gut mit Farbbegriffen spielen. Konzentrieren Sie sich beispielsweise auf das Wort »Rot«. Schauen Sie sich dann um. Nehmen Sie alles zur Kenntnis, was von roter Farbe ist. Wählen Sie dann eine andere Farbe. Sehen Sie, wie viel Dinge um Sie herum von dieser Farbe sind.

Das zeigt Ihnen, wie schnell Ihr Geist darauf programmiert werden kann, etwas wahrzunehmen, worauf Sie fokussiert sind. Sie werden ebenfalls feststellen, dass Sie die winzigsten Stellen derjenigen Farbe, auf die Sie sich gerade konzentrieren, entdecken können – Sie werden sie überall sehen.

Sie können diese Übung mit einer Farbe verbinden, die eine positive Assoziation für Sie hat. Wenn Sie beispielsweise die Farbe Grün stark fühlen lässt, können Sie diese überall suchen und sich dadurch stärker fühlen. Wenn Rot Sie an Liebe denken lässt oder wenn Sie Blau mit Ruhe und Frieden assoziieren, können Sie wählen, diese Farbe überall um Sie herum zu finden beziehungsweise zu sehen. Sie können auch Ihren Geist darauf programmieren, nach einer bestimmten Farbe Ausschau zu halten und diese dann mit etwas Positivem zu verbinden.

Wie Sie Ihren perfekten Beruf finden

Wie viele Menschen kennen Sie, die ihre Tätigkeit wirklich lieben? Wie viele Menschen freuen sich darauf, zur Arbeit zu gehen, weil sie stolz darauf sind, was sie leisten? Ich kenne sehr viele Leute, die ihre Arbeit nicht mögen, und ein eintöniger Job kann die Hauptursache für Stress sein. Ich habe festgestellt, dass viele Leute nicht den Beruf ausüben, der für sie am besten geeignet ist, und oft sagt ihr Körper ihnen, dass etwas mit diesem Job nicht stimmt, aber sie verstehen die Signale einfach nicht.

Wenn Sie einer Tätigkeit nachgehen, bei der Sie nicht Ihre natürlichen Stärken einsetzen, oder wenn Sie für eine Person oder Organisation arbeiten, deren Ethik sich von Ihrer stark unterscheidet, wird Ihre Energie Ihnen sagen, dass Ihnen das nicht guttut: Sie werden ein Gefühl von Unbehagen entwickeln – wie etwa Übelkeit, Stiche im Herz, ein Absinken der Energie, Kopfschmerzen oder einen steifen Rücken. Diese Zeichen sagen Ihnen, dass Ihre Frequenz aus der Bahn geworfen wurde und Sie ihr deshalb Aufmerksamkeit schenken müssen.

Sie müssen einen Job finden, der Ihrer Energie entspricht. Wenn Sie Ihre Energie nicht an den richtigen Beruf anpassen, selbst wenn Sie genug Geld verdienen, um davon leben zu können, werden Sie krank werden, weil Sie Ihre Energie einfach nicht so einsetzen, wie Sie es eigentlich tun sollten.

Wenn Sie sich einen Beruf suchen oder den Job wechseln, sollten Sie sich sicher sein, dass Sie aus den richtigen Gründen einem Weg folgen, und herausfinden, welche Begabung Sie haben, ungeachtet dessen, was andere sagen oder tun. Wenn Sie Ihre Begabung und Kreativität erkennen – und auch nutzen –, sind Sie sich selbst treu. Sie nähren und stärken sich selbst mit Ihrer Energie, weil Sie das tun, was Sie lieben und wozu Sie geboren wurden. Sie werden sich außerdem gesünder und glücklicher fühlen und positive Dinge in Ihr Leben ziehen, weil Ihre Frequenz genau da ist, wo sie sein soll.

Vor vielen Jahren behandelte ich einen überaus erfolgreichen Anwalt. Obwohl er sehr gut in seinem Beruf war, litt er unter Erschöpfungszuständen, war meist unglücklich und konnte keine Zukunft mehr sehen. Er war deprimiert, ohne den Grund dafür zu wissen. Er blieb in diesem negativen Zustand, bis er erkannte, dass er nicht seinem Traum folgte: Eigentlich hatte er immer malen wollen. Wir sprachen darüber, und ihm wurde klar, dass er nichts zu verlieren hätte, wenn er es auf einen Versuch ankommen lassen würde. Er war reich und darum konnte er es sich leisten, ein Jahr lang zu malen – und dann, falls es nicht gut laufen sollte, konnte er seine Tätigkeit als Anwalt wieder aufnehmen. Wie es sich herausstellte, hatte er in seinem neuen Beruf Erfolg und ist heute ein anerkannter Maler. Er ist gesund, glücklich und hat inzwischen eine Familie gegründet. Als er seinen Beruf wechselte, um zu tun, was er wollte, änderte sich auch sein ganzes Leben.

Wenn Sie in einer ähnlichen Situation stecken und Ihr Leben transformieren wollen, müssen Sie das Beste in sich finden und es verwenden, damit Sie gesund und glücklich sind oder werden. Wie gelingt Ihnen das?

Denken Sie an Ihre Kindheit zurück

Am besten gelingt es Ihnen, mit Ihren natürlichen Begabungen in Verbindung zu kommen, indem Sie daran zurückdenken, was Sie als Kind gern getan haben, weil wir das kaum ändern, wenn wir älter werden. Ob Sie nun gern mit Autos gespielt haben, in die Rolle einer Krankenschwester geschlüpft sind, Ihre Teddybären unterrichtet haben oder mit Ihrer Mutter gekocht haben, irgendetwas wird es gegeben haben, bei dem Sie sich gut gefühlt haben.

Wir alle haben ganz natürliche Begabungen. Und wenn jeder von uns diese Begabungen nutzt und einsetzt, stellen wir fest, dass wir zusammenpassen wie ein Puzzle. Keine bestimmte Begabung hebt sich als wichtiger von einer anderen ab – sie sind lediglich anders. Jeder, der schon mal einen Job ausgeübt hat, der ihm nicht entsprach, kann das nachempfinden. Ob Sie diese Arbeit angenommen haben, weil Sie das Geld brauchten oder weil Sie einen Fehler machten und dachten, dass Sie das Richtige tun würden – Sie werden sich daran erinnern, wie es sich anfühlte, zu versuchen, sich in eine Rolle einzufügen, die einfach nicht zu Ihnen passte. Vermutlich waren Sie dabei nicht glücklich. Aber das Gefährliche dabei ist, zu glauben, dass dies normal sei: Es ist weder normal noch natürlich. Vielmehr ist es natürlicher, herauszufinden, was Sie wirklich tun wollen und wofür Sie sich am besten eignen, statt dem Weg einer anderen Person zu folgen.

Ruhestand

Bei einem glücklichen Arbeitsleben geht es nicht nur darum, den richtigen Beruf zu finden, sondern auch, seine Laufbahn auf die gesündeste Weise zu beenden. Wenn Leute in den Ruhestand treten, ist nicht nur ihr Berufsleben davon betroffen – sondern es hat auf alles Auswirkungen, angefangen vom Körper bis hin zum Geist. Einigen Leuten fällt es sogar schwer zu sagen: »Ich gehe in den Ruhestand«, weil sie glauben, dass dies das Ende sei oder der absolute Stillstand.

Statt den Ruhestand als das Ende zu verstehen, sollten Sie ihn als einen Neuanfang betrachten. Es ist eine Zeit der Freiheit. Nachdem Sie viele Jahre lang schwer gearbeitet haben, haben Sie jetzt Zeit, um zu reisen, Freunde und die Familie zu besuchen, sich mit Ihren Hobbys zu beschäftigen oder vielleicht eine neue Karriere zu starten.

Was immer Sie auch tun, sitzen Sie nicht einfach passiv da und stecken sich selbst in eine Schublade. Ihr Alter ist irrelevant. Bleiben Sie geistig aktiv. Und konzentrieren Sie sich auf das Positive, egal in welchem Lebensabschnitt Sie sich gerade befinden. Sie können von allen Erfahrungen Gebrauch machen, die Sie bisher gemacht haben, um wieder von vorne zu beginnen – die Möglichkeiten sind da unendlich. Selbst Leute in den Siebzigern und Achtzigern halten sich geistig und körperlich fit und bleiben aktiv. Sie fühlen sich wohl dabei, energiegeladen und geschäftig zu sein. Und oft richten sie ihre Energien auch darauf, anderen zu helfen.

Denken Sie sich jung

Uns allen wird gesagt, dass wir mit zunehmendem Alter auch schwächer werden und unsere Zellen sterben, aber das können wir ändern. Ab einem bestimmten Alter will jeder jünger und gesünder sein. Warum denken wir uns also nicht einfach jünger? Wenn wir diese Programmierung ändern können, können wir auch den Alterungsprozess verlangsamen. Indem wir uns sagen, dass wir jünger werden, können wir die Frequenz in unserem Körper ändern:

- Sagen Sie sich selbst an jedem Geburtstag, dass Sie tatsächlich um ein Jahr jünger werden. (Sie müssen anderen nicht erzählen, was Sie tun, denken Sie es sich einfach.)
- Seien Sie glücklich mit Ihrem Alter, egal wie hoch es ist, weil Sie sich mit Ihren Gedanken jünger machen.

Dadurch SENDEN Sie eine Botschaft durch Ihren NEUTRALEN Geist zu Ihrem Körper, und er wird anfangen, sich so zu verhalten, wie Sie ihm geheißen haben. Und indem er sich jünger verhält, wird Ihr Körper auch gesünder werden.

Bringen Sie Ihr Leben ins Gleichgewicht

Bis jetzt haben wir uns mit den drei wichtigsten Lebensbereichen beschäftigt – Beziehungen, Gesundheit und Beruf. Aber oft erlebe ich, dass Menschen, die in einem dieser Bereiche *sehr* erfolgreich sind, den anderen keine Aufmerksamkeit schenken. So können sie zum Beispiel den Höhepunkt ihrer Karriere erreicht haben, sind aber in ihrem Privatleben alles andere als glücklich. Oder sie finden Geborgenheit in ihrer Beziehung, sind aber bei schlechter Gesundheit.

Die Menschen, denen es am schwersten fällt, ein Gleichgewicht in ihrem Leben zu finden, sind oft sehr begabt in ihrer beruflichen Tätigkeit. Aber Ihre Begabung ist einfach nur Ihre Begabung – sie ist nicht mit Ihnen gleichzusetzen.

Welche Begabung Sie auch immer besitzen, ob Sie nun Sportler sind, Schauspielerin oder Geschäftsmann, wenn Sie mit Ihrem »Tagesjob« fertig sind, müssen Sie Ihren Fokus auf die anderen Aspekte Ihres Lebens verlagern, sodass Ihre Energie gesünder wird und Ihr Leben ausgeglichener. Sie müssen das, was Sie in Ihrem Berufsleben tun, auf andere Weise in Ihrem Privatleben anwenden, um für ein energetisches Gleichgewicht zu sorgen.

Die folgende Übung wird Ihnen dabei helfen:

Gleichgewicht schaffen

- Gewinnen Sie Klarheit über das Ungleichgewicht zwischen den verschiedenen Bereichen Ihres Lebens.

- Fokussieren Sie sich auf den Bereich, in dem Sie am erfolgreichsten sind.

- Vergegenwärtigen Sie sich Ihren Geisteszustand, wenn Sie »in der Zone sind«, einem Zustand, in dem Sie gute Leistungen zeigen und die besten Entscheidungen treffen, ohne Ihr Tun in Zweifel zu ziehen – es ist der Zustand, in dem Sie wissen, dass das, was Sie tun, richtig ist.

- Fokussieren Sie sich dann auf die Bereiche Ihres Lebens, denen Sie nicht genügend Aufmerksamkeit schenken, und verbinden Sie sie mit diesem Geisteszustand.

Nutzen Sie Ihre Vergangenheit, um vorwärts zu kommen

Ihre Vergangenheit, ob gut oder schlecht, hat Sie zu dem gemacht, der Sie heute sind. Sie hat Ihnen auch die Fähigkeiten und Erfahrungen gegeben, auf die Sie zurückgreifen können, um voranzukommen.

Oft lernen wir gerade durch unsere Probleme und die schweren Zeiten, die wir durchmachen, und werden stärker, aber manchmal blicken wir auch mit Bedauern oder Verbitterung zurück. Sie können nicht ändern, was geschehen ist, aber Sie *können* die Art transformieren, wie Sie vergangene Ereignisse betrachten, indem Sie nur das Positive darin sehen, was immer es auch war. Menschen, die ein unglaublich hartes Leben hatten, sind oft diejenigen, die weitermachen, um dann die glücklichste Zukunft zu haben. Sie können Schritte unternehmen in Richtung glückliche Zukunft, indem Sie Ihre negativen Gedanken umkehren. Egal wie schwer Ihnen dabei zumute ist, betrachten Sie die positiven Aspekte einer Situation. Je nachdem, um was es sich handelt, könnten Sie denken:

»Gott sei Dank bin ich nicht verletzt.«
»Es ist keine große Sache. Ich werde damit fertigwerden.«
»Zumindest lebe ich noch.«
»Es gibt eine bessere Person für mich.«
»Es gibt einen Job, für den ich mich besser eigne.«
»Das richtige Haus für mich ist irgendwo da draußen.«
»Ich habe es noch rechtzeitig begriffen.«
»Daraus kann ich lernen.«
»Ich kann wieder Geld verdienen.«
»Ich habe vielleicht meinen Job verloren, aber ich habe immer noch meine Familie.«
»Es sollte einfach nicht sein.«
»Ich kann es immer wieder versuchen.«

Sie müssen in allem das Positive sehen und diese Frequenz in Ihr Leben hineinziehen.

Seien Sie dankbar

Es gibt vieles in unserem Leben, wofür wir dankbar sein können. Und eine der besten Möglichkeiten, um Ihre Energie stark zu halten, ist, sich die Frequenz der Dankbarkeit nutzbar zu machen, indem Sie sich regelmäßig für das bedanken, was Sie haben. Ob es sich um Ihre Gesundheit handelt, Ihre Familie, Ihre Freunde oder die Speisen, die Sie zu sich nehmen, Sie können sich dafür bedanken. Sie können dankbar für das Leben selbst sein, für Ihr Wissen und für Ihre Erfahrungen, weil diese Dinge Ihnen einen Grund zum Leben geben. Sie können auch das Universum anerkennen für die Zeichen, die Sie EMPFANGEN, denn dadurch, dass Sie sie beherzigen, können Sie Ihr Leben jeden Tag verbessern.

Ein letztes Wort

Ich habe nicht die Antworten auf alle Probleme dieser Welt. Was ich allerdings weiß, ist, dass die Art und Weise, wie wir zu leben wählen, erhebliche Auswirkungen darauf hat, wie wir fühlen. Jedes einzelne Element Ihres Lebens wirkt sich auf Ihre Energie aus: die Arbeit, der Sie nachgehen, die Menschen, mit denen Sie Ihre Zeit verbringen, die Art, wie Sie Ihr Leben gestalten, und die Art und Weise, wie Sie denken. Das alles sind *Entscheidungen*. Und all diese Entscheidungen wirken sich auf die Schwingung Ihrer Energie aus.

Um das Maximum aus dem Leben herauszuholen, müssen Sie wirklich wissen, was Sie wollen – nicht was irgendein anderer will oder was Sie glauben zu wollen. Sie üben die Kontrolle über Ihren Geist aus und sind Herr über Ihre Gedanken. Und diese

Gedanken senden Sie ständig aus. Das können Sie jetzt erkennen und dafür sorgen, dass alles, was Sie aussenden, positiv und stärkend ist und von Glück zeugt.

Sie können auch Ihre energetischen Veränderungen wahrnehmen und dieses Wissen nutzen, um zu ermöglichen, dass Sie gesund und zufrieden sind. Vergessen Sie nicht, Sie wissen bereits, wie man das macht. Und wenn Sie anfangen, diese Erfahrungen zu verstehen und darüber weiter nachzudenken, können Sie sich für neue Frequenzen öffnen. Mit diesem Wissen brauchen Sie nicht auf Computer, Telefone und andere Technologien zu setzen, um Botschaften oder Bilder zu SENDEN und zu EMPFANGEN, da Sie diese Fähigkeiten bereits in sich haben.

Wir alle können negative Energie in positive umwandeln, und wir können diese Fähigkeit einsetzen, um nicht nur uns selbst zu verändern, sondern auch den Zustand unseres Planeten. Wir müssen daran glauben, dass wir einen Unterschied bewirken können, sowohl durch das, was wir auf individueller Ebene leisten, als auch dadurch, dass wir zusammenkommen und unsere Energien auf machtvolle Weise miteinander verbinden. Wenn wir alle Menschen auf der Welt dazu bringen könnten, zu glauben, dass jede Geste etwas ausmacht, würden sie wohl mit viel größerer Wahrscheinlichkeit ihr Verhalten ändern. Wir *können* sehr viel bewirken, wenn wir eine Massenenergie von Glück und Positivität erzeugen.

Erinnern Sie sich stets daran: *Sie wissen mehr, als Sie denken* – und falls Ihnen das vorher nicht klar war, dann erkennen Sie das hoffentlich jetzt.

Also ... schließen Sie die Augen, holen Sie tief Luft und ...

... SENDEN SIE LIEBE!

Information

Wenn Sie mehr über meine Arbeit erfahren, einen Termin für eine Behandlung bei mir ausmachen oder an einem meiner Seminare teilnehmen möchten, so besuchen Sie bitte meine Website: www.sekanikolic.com.

● ● ●

Verwenden Sie ruhig diese elektronenmikroskopische Aufnahme meiner Hand, wenn Sie an meinen weltweiten Fernheilungssitzungen teilnehmen. Termine für diese Events und weitere Einzelheiten dazu finden Sie auf meiner Website: www.sekanikolic.com.

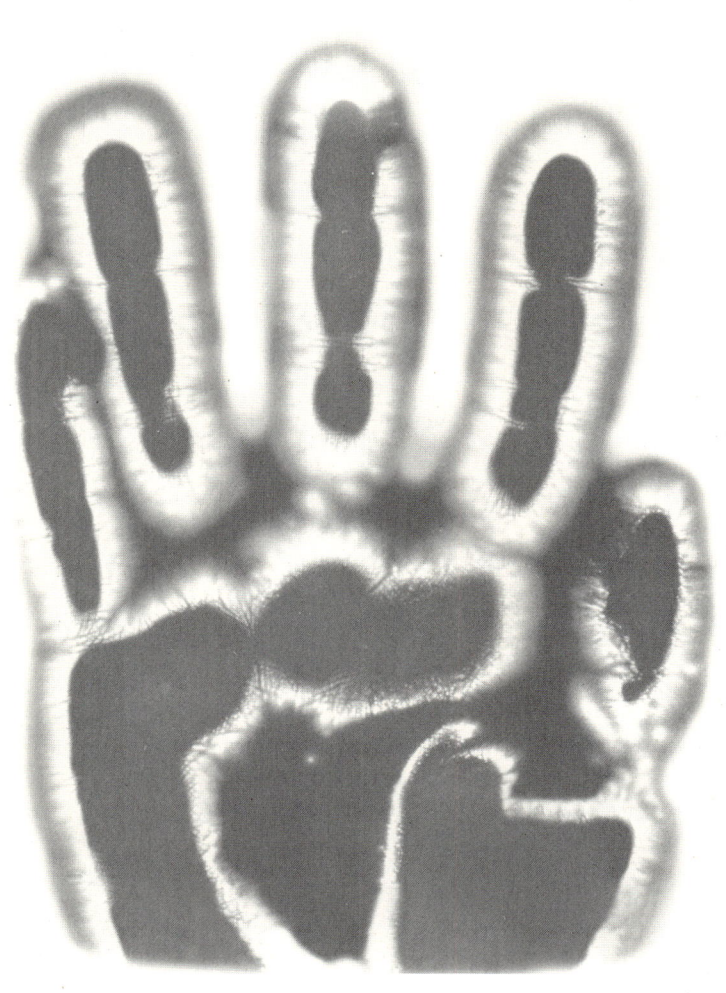

Das Pendant zum Tibetischen Totenbuch

OTMAR JENNER
Das Buch des Übergangs
Spirituelle Sterbebegleitung
496 Seiten, € [D] 10,95
ISBN 978-3-548-74480-3

Der Einzug der Seele in den Körper

OTMAR JENNER
Das Buch der Ankunft
Der Weg der Seele
bis zur Geburt
416 Seiten, € [D] 9,99
ISBN 978-3-548-74564-0

Der Bestseller zum neuen Kreativ-Trend

NICK BANTOCK
Du bist ein Künstler
Eine inspirierende Reise
zur Kreativität und
zu sich selbst
208 Seiten
€ [D] 16,99 / € [A] 17,50
sFr 23,90
ISBN 978-3-7934-2271-6

Nick Bantock ist Meister der Collagentechnik und erklärt in einfachen Schritten, wie Sie Ihre Kreativität entdecken und nutzen können, denn in jedem steckt ein Künstler! Dieses neue und originelle Projekt ist ein Kreativ-Workshop. Dabei geht es nicht um das Erlernen einer Technik, sondern es eine abenteuerliche Reise zur eigenen Kreativität, die wie ein Schatz gehoben wird. Bekannt wurde Bantock durch das von ihm entwickelte erste Pop-up-Buch Griffin & Sabine.